W0048048

ÉCOUTER ET REGARDER
AVEC SON CŒUR

Anselm Grün

Écouter et regarder avec son cœur

*Traduction de l'allemand
par Marie-Lys Wilwerth-Guitard*

salvator

Édition originale :
Anselm Grün
MIT DEN HERZEN HÖREN, MIT DEM HERZEN SEHEN.
Die Benediktsregel als Anleitung zum Urteilen und Handeln.
© Vier-Türme-Verlag
Münsterschwarzach, 2017

Cet ouvrage a été proposé à l'éditeur français par l'agence Editio Dialog, Lille.

Édition française :
© **Éditions Salvator, 2018**
Yves Briend Éditeur, SA
103 rue Notre-Dame-des-Champs F-75006 Paris
www.editions-salvator.com
contact@editions-salvator.com

Maquette intérieure : Atlant'Communication
Couverture : Sylvain Collet

ISBN : 978-2-7067-1656-0

Tous droits réservés pour tous pays

Introduction

L'ouïe et la vision sont, pour l'homme, les sens les plus essentiels. Chaque jour nous écoutons, les nouvelles par exemple, les gens avec qui nous nous entretenons. Mais nous entendons aussi souvent, et sans le vouloir, le bruit de la rue, le brouhaha des supermarchés et des restaurants. Écouter quelqu'un, c'est prêter l'oreille pour l'entendre, fixer son attention sur ce qu'il nous dit, mais c'est également suivre ses conseils, ses suggestions, ses mises en garde, lui obéir. Une autre nuance encore apparaît quand nous demandons par exemple à Dieu de nous écouter, c'est-à-dire de nous exaucer.

Les mots « voir » et « regarder » sont tout aussi polyvalents. Lorsqu'on « regarde », on porte les yeux sur quelque chose ou quelqu'un, on contemple, on examine, on observe. On fait un avec ce que l'on regarde.

Regarder quelqu'un, c'est le prendre en considération. C'est aussi un mot cher aux mystiques qui voient en profondeur, contemplent le mystère. «Voir», c'est plutôt suivre des yeux. Le chasseur, par exemple, suit des yeux le gibier qu'il traque. En français, le vocable a de nombreux dérivés : pourvoir, entrevoir, percevoir, apercevoir, pour ne citer que ceuxlà. Prévoir, aussi, dont est issu le mot «Providence», ce terme religieux qui signifie que Dieu sait tout à l'avance.

Réfléchir aux diverses significations des mots entendre, écouter, voir, regarder montre à quel point ces sens sont importants pour l'homme. Mais nous sommes aujourd'hui tellement sollicités en permanence par des bruits ou des images que nous ne pouvons éviter, que nous risquons d'y être de plus en plus indifférents. Sans parler des gens qui s'exposent volontairement au bruit en laissant par exemple la télévision ou la radio allumée toute la journée ; ou ceux qui se promènent ou font leur jogging avec des écouteurs sur les oreilles, ce qui les empêche de prêter attention à ce qui se passe autour d'eux. Avec la vision, il en va de même : le cinéma, la télévision, Internet nous abreuvent surabondamment d'images que nous avons souvent du mal à supporter, surtout quand il s'agit de celles de la souffrance qui touche certains êtres humains. Et que dire des images publicitaires qui nous assaillent de toutes parts, sur les panneaux et sur les murs! Elles sont si nombreuses que, la plupart du temps, on ne regarde même plus, on ne perçoit même plus ce que l'on voit.

Il est donc salutaire de réapprendre à entendre et à voir, à écouter et à regarder. La Règle de saint Benoît commence par le mot «Écoute». Et si, pour saint Paul, la foi vient d'une écoute du cœur, saint Jean, lui, met la vision au centre de son Évangile et de sa première épître. J'aimerais donc, dans un premier temps, aborder la Règle de saint Benoît, avant d'aller à l'école de Luc, de Paul et de Jean, afin d'apprendre ce qu'ils comprennent par «entendre» et «voir». Il s'agira ensuite de traduire et d'intégrer leurs conclusions dans notre quotidien.

I

Écouter et regarder
dans la Règle de saint Benoît

Écouter

« ÉCOUTE » est le premier mot de la Règle de saint Benoît. Le terme latin *obsculta* est une écoute plus intense encore, dirigée vers quelqu'un qui m'interpelle, et donc personnelle. Benoît, ici, nous exhorte à écouter l'enseignement du maître, Jésus-Christ lui-même.

« Ouvre l'oreille de ton cœur », dit Benoît au moine, afin de te prosterner pour écouter avec une humilité dépourvue de curiosité Jésus-Christ qui te parle. Mais au verset suivant, il renvoie au « Père bienveillant », c'est-à-dire à Dieu lui-même : « Accepte volontiers les conseils d'un père qui t'aime et fais vraiment tout ce qu'il te dit. » Écouter n'est pas ici un plaisir esthétique, comme celui que l'on peut éprouver en écoutant de la musique, par exemple, mais implique un engagement, une obligation. Je dois accepter ce que j'entends comme une directive, et l'exécuter. Écouter conduit à obéir. L'obéissance, telle que la comprend Benoît, doit toujours être en relation avec l'écoute. Celui qui obéit écoute ce que Dieu dit à son cœur. Mais il écoute aussi ce que Dieu entend lui dire par la voix du père abbé ou d'un frère. Et, pour vivre dans l'obéissance et en cohérence avec son être le plus profond, il écoute son propre cœur.

L'écoute qui induit l'obéissance n'est pas toujours facile. Dès le deuxième verset du prologue, Benoît parle de courage : «En travaillant ainsi à obéir» (*per oboedientiae laborem*). Obéir est un travail difficile. Je m'étais éloigné de Dieu en ne l'écoutant pas, mais l'obéissance me permet de revenir à lui. Au début, le chemin est raide. Il m'oblige à ouvrir mes oreilles et à écouter ce que Dieu me dit. Et Dieu ne me confirme pas en tout ; il me remet en question. Écouter, c'est donc accepter de se remettre en question, être prêt à faire demi-tour. Mais plus je me serai éloigné de la route qu'il m'est recommandé d'emprunter, celle de mon être véritable, plus il me sera pénible de changer de direction pour prendre le chemin qui va me conduire à moi-même et à Dieu qui m'a appelé à le suivre.

Écouter conduit aussi à vivre. Le prophète Isaïe n'a-t-il pas dit: «Prêtez l'oreille et votre âme vivra»? On ne vit pas bien si l'on se bouche les oreilles, si l'on refuse d'écouter. Que la vraie vie commence par l'écoute est aussi la conviction de Benoît, qui s'associe ainsi à la tradition juive, car la profession de foi hébraïque commence elle aussi par ces mots: «*Sh'ma Israel*»; «Écoute Israël, l'Éternel est notre Dieu, l'Éternel est un!» Mais le mot «un» n'a pas ici le sens d'exclusivité juridique. C'est un mot d'amour. Le juif pieux doit entendre que Dieu est pour lui le seul Dieu, qu'il doit lui être attaché corps et âme, l'aimer de toutes ses forces et ne faire qu'un avec lui. Le croyant fervent appartient à Dieu par l'écoute qui va lui permettre de connaître la vraie vie. Ainsi peut-on lire dans le Deutéronome: «Et maintenant, Israël, écoute les décrets et les règles que je vous enseigne pour que vous les exécutiez, afin que vous viviez» (Dt 4,1). De même, Benoît est convaincu qu'écouter Dieu nous permet de faire l'expérience de son amour inconditionnel, de sa proximité qui nous parle et nous conduit à la vie véritable.

Dans le prologue de sa Règle, Benoît écrit que l'écoute conduit à la vie: «Le Seigneur cherche pour lui un ouvrier, c'est pourquoi il lance cet appel à la foule. Et il dit encore: "Qui veut la vie? Qui désire le bonheur?" Si tu entends cet appel et si tu réponds: "Moi", Dieu te dit: "Est-ce que tu veux la vraie vie, la vie avec Dieu pour toujours? Alors empêche ta langue de dire des paroles méchantes, interdis à ta bouche de mentir. Tourne le dos au mal et fais le bien. Cherche la paix et poursuis-la toujours"» (RB, Prol. 14-17).

Nous devons écouter Jésus, le maître qui, dans la parabole des ouvriers employés à la vigne, cherche à embaucher des hommes prêts à travailler. Il entend nous conduire au plaisir de vivre. Mais écouter implique une réponse; non pas une réponse abstraite, mais une parole que je prononce *face à l'autre*. Je regarde Jésus et je lui dis le mot que Benoît attend aussi: «Moi». *Je* suis prêt à suivre l'appel de Jésus, à me rendre à la vigne et à accomplir la tâche que le Seigneur me confie. Et en l'accomplissant, je vais ressentir le plaisir de vivre, ce plaisir que je ne peux percevoir qu'en étant à l'écoute de Dieu. Dans le psaume 24, Dieu s'adresse à moi et m'indique la manière d'accéder à la vie véritable, qui n'est pas un plaisir éphémère, mais une joie éternelle.

Trois conditions sont toutefois nécessaires : faire taire sa langue, s'écarter du mal et faire le bien, et chercher la paix. Selon Benoît, faire silence, faire le bien avec amour et aspirer à la paix sont donc les étapes essentielles d'une vie accomplie.

En évoquant l'écoute dans son prologue, Benoît cite souvent des paroles de psaumes ou de Jésus lui-même, qui enseignent le chemin de la vie et nous enjoignent non seulement de les écouter, mais aussi d'y obéir, de les mettre en pratique. Ainsi, par l'intermédiaire du psalmiste, il nous invite à demander au Seigneur : « Yahvé, qui résidera sous ta tente, qui demeurera sur ta montagne sainte ? » (Ps 15,1).

Et il poursuit : « Frères, à cette question, écoutons la réponse du Seigneur qui nous montre le chemin de sa maison. Il nous dit : "Celui qui habitera chez moi, c'est celui qui marche sans pécher et qui accomplit ce qui est juste. C'est celui qui dit la vérité du fond de son cœur et qui ne trompe pas les autres avec sa langue. C'est celui qui ne fait pas de mal aux autres et qui n'est pas d'accord quand on insulte un frère. C'est aussi celui qui chasse loin des yeux de son cœur l'esprit du mal qui le tente avec les mauvaises pensées qu'il lui donne, qui jette à terre cet esprit et les écrase contre le Christ"» (RB, Prol. 24-28).

Là encore, l'écoute en appelle à l'action. En référence aux mots du psaume 15, il s'agit d'abord de ne pas calomnier mais de dire la vérité, et de bien se comporter envers son prochain. Puis Benoît se rapporte au psaume 137,9 : dans l'exil, les Juifs devront se saisir des enfants de Babel et les fracasser sur le roc. Benoît propose une interprétation symbolique de ce passage. Nous devons briser contre le Christ, le véritable roc, les pensées mauvaises qui nous viennent. Nous retrouvons ici la tradition des premiers moines. En effet, les Pères du désert se sont intensément consacrés à la manière de gérer leurs pensées. Selon Benoît, le moine doit suivre l'exemple d'Évagre le Pontique et, comme lui, s'astreindre à bien discerner ses pensées, lutter contre celles qui lui viennent des démons et les « fracasser contre le roc qu'est le Christ».

L'écoute et l'action sont à nouveau liées lorsque Benoît cite les paroles de Jésus à la fin du sermon sur la montagne : «Quiconque donc entend ces paroles que je dis et les met en pratique ressemblera à un homme prudent, lequel a bâti sa maison sur le roc. Et la pluie s'est abattue, et les torrents sont venus, et les vents ont soufflé et se sont jetés sur cette maison, et elle n'est pas tombée car elle était fondée sur le roc» (Mt 7,24s. – RB, Prol. 33-34). Celui qui écoute d'abord et agit conformément à ce qu'il entend construit sa maison sur un rocher, c'est-à-dire sur le Christ qui, pour le moine comme pour tout chrétien, est le fondement de la vie. Le Christ veut qu'on l'écoute et qu'on obéisse en agissant. Sans l'action, l'écoute reste vaine. Agit celui qui écoute vraiment et comprend. N'écoute et ne comprend vraiment que celui qui agit également en conséquence.

Jusque-là, il avait toujours été question de n'écouter que la voix de Dieu. Mais voilà que dans sa Règle, Benoît parle aussi de se mettre à l'écoute des autres. Ainsi, le père abbé «écoute les avis des frères, puis fait ce qu'il juge le plus utile», sans oublier que «souvent le Seigneur découvre à un frère plus jeune ce qui est le mieux» (RB 3,2-3). Dieu peut donc s'adresser à nous à travers les autres, et parfois à travers les plus jeunes. Et si d'aventure un moine étranger «reproche quelque chose ou fait des remarques de façon raisonnable et avec un amour plein d'humilité, l'abbé réfléchit avec prudence: est-ce que le Seigneur ne l'a pas envoyé exprès pour cela?» (RB 61,4). En s'écoutant mutuellement, on apprend l'un de l'autre. On est dépendant l'un de l'autre. Alors écoutons: l'autre a peut-être quelque chose d'important à nous signifier.

Au chapitre de l'obéissance surtout, Benoît insiste sur l'écoute. Le moine doit écouter le père abbé et lui obéir, car «obéir aux supérieurs, c'est obéir à Dieu» (RB 5,15 – Lc 10,6). Cela ne veut toutefois pas dire que toute parole de l'abbé lui est soufflée par Dieu. Mais tout comme l'abbé doit réfléchir au fait que lorsqu'il écoute un jeune frère ou un moine étranger, il écoute peut-être Dieu qui parle à travers lui, le moine doit lui aussi se demander si ce n'est pas Dieu lui-même qui s'adresse à lui par la bouche du père abbé. Et donc, obéir à l'abbé, c'est obéir à Dieu.

Les frères doivent également écouter dans de bonnes conditions, et avant tout en silence, la lecture pendant le repas: «On garde le silence complet. On n'entend personne parler à voix basse ou à voix haute. On entend seulement celui qui lit» (RB 38,5). Nous sommes parfois tellement accaparés par le vacarme de nos propres pensées qu'il nous est impossible d'entendre ce que nous dit l'autre. On n'écoute bien que dans le silence. Mais pour que l'écoute durant le repas monacal soit agréable, il faut aussi que le lecteur lise distinctement et articule. Ainsi « tous ne seront pas lecteurs selon leur rang. On choisira seulement les frères qu'on peut écouter avec profit » (RB 38,12).

S'il faut donc consciemment s'entraîner à lire à voix haute et être capable de toucher le cœur des auditeurs, il est nécessaire, toujours selon Benoît, de choisir des textes dont la teneur est appropriée au moment de la journée. « Tout de suite après le repas du soir, un frère lit aux moines, réunis dans la salle capitulaire, autre chose que l'on peut écouter avec profit » (RB 42,3). L'Heptateuque ou les Livres des Rois sont exclus des lectures, car considérés comme inappropriés : « En effet, pour ceux qui ont l'esprit trop sensible, il n'est pas bon d'entendre cette partie de la Bible à ce moment-là » (RB 42,4). L'écoute de ces histoires parfois cruelles risquerait de bouleverser les frères et de perturber leur sommeil. Le moine doit choisir ce qu'il écoute. Il a besoin d'une certaine discipline, et cela vaut encore aujourd'hui. Nous ne devons pas subir constamment tout le vacarme extérieur et sommes en droit de choisir ce que nous voulons entendre.

Il en va de même pour les moines qui voyagent. «Au jour même de leur retour, à la fin du Service de Dieu, ils se prosternent à terre dans l'oratoire et demandent à tous de prier à cause des fautes commises pendant le voyage. En effet, ils ont peut-être regardé quelque chose de mal, ils ont peut-être écouté des paroles mauvaises ou inutiles» (RB 67,3 *sq.*). La prière purifie les frères, afin que les propos négatifs qu'ils ont entendus n'aient pas une influence néfaste sur leur cœur. C'est pourquoi personne ne doit «se permettre de redire à un autre frère ce qu'il a vu ou entendu en dehors du monastère, parce que cela peut faire beaucoup de mal» (RB 67,5).

Ce verset est un énorme défi à notre époque où les médias modernes transmettent tout ce qui se passe dans le monde et où les nouvelles parviennent jusque dans les monastères. Benoît, là encore, prône la discipline: nous devons certes être informés de ce qui arrive, afin de pouvoir prier pour le monde. Mais écouter absolument tout sans distinction peut être très néfaste. Benoît va même plus loin et parle de «destruction». Entendre trop de choses négatives détruit notre équilibre intérieur et notre ancrage en Dieu. Si nos oreilles sont emplies de tout ce qu'elles entendent sur les autres hommes, elles ne peuvent plus entendre la voix de Dieu.

Regarder et voir

Dans le prologue de sa Règle, Benoît associe de manière singulière l'écoute et le regard : «C'est le moment de sortir du sommeil. Ouvrons nos yeux à la lumière de Dieu. Laissons la voix puissante de Dieu frapper nos oreilles, et écoutons ce qu'elle nous dit. Tous les jours elle nous crie : "Aujourd'hui, si vous entendez sa voix, ne fermez pas votre cœur." Et encore : "Si vous avez des oreilles pour entendre, écoutez ce que l'Esprit dit aux Églises!" Et que dit l'Esprit? "Venez, mes fils, écoutez-moi! Je vous enseignerai le respect confiant envers le Seigneur"» (RB, Prol. 8-12). Pour Benoît, il s'agit donc d'un éveil. Les Pères du désert évoquent souvent cet état de sommeil dans lequel vit l'homme, endormi dans ses illusions sur lui-même et sur sa vie. Pour mener une vie spirituelle, il faut «sortir du sommeil». Le jésuite indien

Anthony de Mello a défini la mystique comme un éveil à la réalité. Aujourd'hui, on aime parler d'attention. Le moine doit donc être à la fois éveillé et attentif.

Être éveillé, c'est savoir entendre et voir. Le regard a une place très importante pour les mystiques. La mystique orientale notamment ne cesse d'évoquer la vision de la lumière de Dieu. Benoît, lui, parle de *deificum lumen*, ce qui peut se traduire littéralement par «lumière qui rend divin», c'est-à-dire non pas seulement la lumière divine comme telle, mais aussi celle qui nous divinise, nous les hommes. La divinisation est un thème essentiel de la mystique grecque. Dieu s'est fait homme en la personne de Jésus, afin que nous soyons divinisés. Nous devons ouvrir nos yeux à la lumière divine, laquelle ne demande qu'à nous pénétrer et nous emplir de l'amour de Dieu et de la vie divine.

À propos de la lumière, la mystique grecque aime se référer à la Transfiguration de Jésus. Tandis que les apôtres contemplent Jésus, son visage resplendit comme le soleil et ils sont si fascinés qu'ils ne peuvent détacher leur regard. Pour prolonger ce moment, Pierre aimerait dresser trois tentes. Mais une nuée lumineuse les recouvre d'où une voix se fait entendre:

«Celui-ci est mon Fils, le Bien-Aimé qui a toute ma faveur: écoutez-le!» (Mt 17,5). À la lumière divine s'ajoute l'écoute: les apôtres entendent la voix de Dieu qui leur signifie qu'ils ne verront pas toujours la lumière du Christ et qu'ils doivent alors se contenter de l'écouter et de méditer ses paroles.

Comme dans le récit de la Transfiguration, Benoît associe également le regard et l'écoute. Nos oreilles doivent être «en alerte». Il ne s'agit pas d'une écoute simplement curieuse, mais d'une écoute étonnée et respectueuse. Le moine doit prêter une oreille attentive, afin d'entendre la voix de Dieu. Mais pour dormir paisiblement, il a fermé ses oreilles. Il lui faut donc sortir du sommeil. Être éveillé, tendre une oreille attentive et ne pas avoir le cœur endurci. L'endurcissement du cœur est également un thème cher à la spiritualité orientale, et elle est également évoquée dans le récit biblique de la guérison de l'homme à la main desséchée. Jésus regarde les pharisiens l'un après l'autre «avec colère, profondément attristé par l'endurcissement de leur cœur» (Mc 3,5). Les manuscrits parlent aussi de «cœur mort» ou de «cœur obstiné». Jésus lui-même, en dépit de l'empathie dont il fait preuve, ne parvient pas à ouvrir le cœur des apôtres. Dans un apophtegme, Poemen propose un remède contre l'endurcissement du cœur: «La nature de l'eau est molle, celle de la pierre est dure, mais une outre suspendue au-dessus de la pierre et faisant tomber l'eau goutte à goutte la transperce. Ainsi en est-il de la parole de Dieu: elle est molle et notre cœur est dur; mais l'homme qui entend souvent la parole de Dieu ouvre son cœur à la crainte de Dieu[1].»

Écouter la Parole ouvre le cœur endurci pour y faire entrer la lumière divine. Dans le prologue de l'Évangile de Jean, parole et lumière sont associées: «Au commencement était le Verbe et le Verbe était Dieu. Par lui tout a paru et sans lui rien n'a paru de ce qui est paru. En lui était la vie, et la vie était la lumière des hommes» (Jn 1,3 *sq.*). Nous tendons l'oreille à la voix de Dieu qui nous emplit de lumière et éclaire notre vie. Nous prenons d'un coup conscience de qui nous sommes et entrevoyons le mystère de l'existence humaine. On peut également lire dans les écrits d'Origène qu'à travers les paroles

---

1. Jean-Claude Guy, in *Paroles des Anciens. Apophtegmes des Pères du désert*, Éditions du Seuil, 1976.

des saintes Écritures, Dieu lui-même nous délivre son enseignement. Il illumine l'âme et éclaire l'esprit de celui qui l'écoute.

Si le Verbe nous éclaire, écouter et regarder s'unissent dans la parole des saintes Écritures. Nous écoutons la Parole et contemplons la lumière dont elle nous emplit : «Lampe pour mes pieds, ta Parole, et lumière sur ma route» (Ps 119,105). La Parole éclaire notre vie et illumine le chemin que nous devons emprunter et au bout duquel nous allons voir Dieu. Ainsi peut-on lire dans le prologue de la Règle de Benoît : «C'est pourquoi prenons pour ceinture la foi et la pratique des actions bonnes. Laissons-nous conduire par l'Évangile et avançons sur les chemins du Seigneur. Alors nous mériterons de le voir, lui qui nous appelle dans son Royaume» (RB, Prol. 21). Ici-bas, nous devons écouter et regarder : écouter la Parole et contempler la lumière que la Parole suscite en nous. Dans la vie éternelle, nous ne contemplerons plus que celui que nous cherchons sur terre : Dieu dans son mystère insondable.

Pour Benoît cependant, il ne s'agit pas seulement de contempler Dieu. Il s'agit aussi du regard que Dieu porte sur nous: «L'homme doit être tout à fait sûr à chaque instant. Dieu le regarde du haut des cieux. Partout Dieu voit ce que l'homme fait, et, sans cesse, les anges lui en rendent compte» (RB 7,13). Dieu ne nous contrôle pas, mais nous observe à tout moment d'un regard bienveillant, devant lequel nous devons vivre consciemment et avec attention. C'est à cela que pense Benoît lorsqu'il écrit: «Les yeux du Seigneur regardent avec attention les bons et les méchants. Du haut du ciel, le Seigneur regarde toujours les enfants des hommes pour voir s'il y a quelqu'un de sage et qui cherche Dieu. Et les anges qui sont chargés de veiller sur nous présentent sans cesse tous nos actes au Seigneur, jour et nuit. Alors, frères, méfions-nous! Comme le prophète le dit dans un psaume, Dieu pourrait nous surprendre à un moment donné en train de tomber dans le péché et de devenir de faux moines» (RB 7,26-29). Tout ce que nous pensons et faisons n'échappe pas à la présence de Dieu et à son regard. Restons donc sur nos gardes et vivons attentivement chaque instant, en conformité avec notre être véritable.

Dans sa Règle, Benoît, à l'appui des paroles de Jésus, évoque aussi la manière dont nous voyons notre prochain, en recommandant au père abbé de ne pas projeter ses propres défauts sur les frères : « Et aussi : tu remarques la paille dans l'œil de ton frère, mais tu ne remarques pas la poutre qui est dans le tien ! » (RB 2,15 – Mt 7,3). L'abbé doit voir le Christ en chaque étranger et les moines en chacun de leurs frères et sœurs. Autrement dit, nous ne devons pas nous arrêter à ce qui nous apparaît extérieurement de l'autre, à ses erreurs et à ses faiblesses. Tentons plutôt de le sonder plus profondément, avec respect et humilité : au tréfonds de notre âme, le Christ habite en chacun de nous. C'est ce que prône Benoît dans le chapitre sur l'accueil des autres : « Mais s'il les rencontre ou s'il les voit, il les salue humblement, comme nous l'avons dit, et il demande une bénédiction » (RB 53,24).

L'humilité : voilà le comportement que nous devons adopter à l'arrivée d'un frère novice. Par le regard, on reconnaît s'il supporte avec patience les difficultés qui se présentent à lui, et ce qui l'anime intérieurement. Mais lui aussi doit s'évaluer avec justesse, en se voyant tel qu'il est vraiment. Dans le chapitre 68 de sa Règle (« Si on commande à un frère des choses impossibles »), Benoît écrit : « S'il voit que le poids de la charge dépasse tout à fait la mesure de ses forces, il dira à son supérieur pourquoi il ne peut pas le faire. Il présentera ses raisons avec patience et au bon moment, sans se montrer orgueilleux, sans résister, sans s'opposer » (RB 68,2 *sq.*). Voir, c'est donc aussi porter sur soi-même un regard clairvoyant et lui faire confiance.

II

Écouter et regarder dans la Bible

En consultant une concordance biblique, on découvre que certains écrits insistent sur l'écoute, tandis que d'autres mettent davantage l'accent sur la vision, et que la théologie est chaque fois différente. Écouter la parole de Dieu est, pour certains auteurs, le plus important, et pour d'autres, c'est la contemplation, qui trouve plutôt son expression dans une théologie mystique. Examinons ensemble certains passages de la Bible.

Écouter

Si la Genèse et l'Exode ne cessent d'affirmer que Dieu écoute les prières et les cris des hommes, et que le fils écoute le père, dans le Deutéronome, c'est l'homme qui doit se mettre à l'écoute de Dieu. Ainsi peut-on lire dans le quatrième chapitre : «Et maintenant, Israël, écoute les décrets et les règles que je vous enseigne pour que vous les exécutiez, afin que vous viviez» (Dt 4,1). Ici, l'écoute va de pair avec l'obéissance. Écouter les lois de Dieu, c'est aussi les mettre en pratique, et le peuple ne doit pas oublier la Parole divine : «Tu la feras connaître à tes fils et aux fils de tes fils» (Dt 4,9).

Au chapitre six, il est question de la profession de foi d'Israël : «Écoute, Israël ! Yahvé, notre Dieu, est le seul Yahvé. Tu aimeras Yahvé ton Dieu, de tout ton cœur, de toute ton âme et de tout ton pouvoir» (Dt 6,4 *sq.*).

Autrement dit, écouter Dieu conduit à l'aimer de tout son cœur. Le croyant fervent doit écrire pour ainsi dire les paroles de Dieu sur son cœur et les attacher «comme un signe sur sa main», les inscrire sur son front, les graver sur le montant des portes de sa maison et sur les portes de la ville (cf. Dt 6,6-9). Mais pour bien écouter, il faut le silence: «Fais silence et écoute, Israël! En ce jour, tu es devenu le peuple de Yahvé, ton Dieu», dit Moïse à Israël (Dt 27,9).

Le psalmiste, lui, demande souvent à Dieu d'écouter ses cris et ses supplications, d'exaucer ses prières (Ps 4,2; 6,10; 17,1; 20,2, entre autres), et lui rend grâce d'avoir été attentif aux suppliques des pauvres et de les avoir sauvés de la misère (Ps 118,5). Dans les Proverbes, l'accent est mis sur l'écoute du père par le fils (Pr 1,8), sur le sage qui se laisse conseiller (Pr 13,10). Le Siracide, ou l'Ecclésiastique, invite les hommes à écouter la sagesse: «Qui l'écoute jugera les nations et qui lui prête attention habitera en sécurité» (Si 4,15). Et l'homme sage qui écoute Dieu croîtra «comme la rose qui pousse au bord d'un cours d'eau» (Si 39,13). Les prophètes Isaïe et Jérémie, quant à eux, exhortent avec persévérance le peuple à écouter la voix de Dieu, condition essentielle pour qu'Il veille sur lui et le protège contre les ennemis.

Concernant le Nouveau Testament, j'aimerais ne mentionner que quelques passages de l'Évangile de Luc et réfléchir à la *théologie de l'écoute* dans l'épître de Paul aux Romains. Dès qu'Élisabeth entend la salutation de Marie qui lui rend visite, l'enfant qu'elle porte tressaille en son sein (cf. Lc 1,41). Une écoute attentive m'anime, me fait entrer en contact avec ma vitalité intérieure, avec la sagesse de mon âme, avec l'enfant qui demeure en moi, l'image originelle et intacte que Dieu a conçue de moi. Le peuple aime écouter Jésus et sent qu'une force particulière émane de lui (cf. Lc 5,1 et 19,48). Jésus peut révéler le mystère de son enseignement au peuple qui lui prête une oreille attentive. Ainsi déclare-t-il à propos de l'amour des ennemis: «À vous qui m'écoutez: aimez vos ennemis, faites du bien à ceux qui vous haïssent, bénissez ceux qui vous maudissent» (Lc 6,27 *sq*.). Et aussi: «Ma mère et mes frères, ce sont ceux qui écoutent la parole de Dieu et la mettent en pratique» (Lc 8,21).

Suivons l'exemple de Marie qui s'assied aux pieds du Seigneur et écoute sa parole (Lc 10,39), tandis que Marthe s'affaire et sert Jésus et ses disciples. C'est souvent une Marthe qui, en nous, prend le dessus. Jésus nous invite à porter plus d'attention à notre Marie. Appliquons-nous donc à prendre le temps d'écouter simplement ce que Jésus voudrait nous signifier, afin que notre action ne soit pas vaine et qu'elle réponde aux besoins des autres.

Chez Paul, l'écoute du message est décisif pour la foi. Dans son épître aux Romains, il écrit: «Comment donc invoqueraient-ils celui en qui ils n'ont pas cru? Et comment croiraient-ils en celui qu'ils n'ont pas entendu?» (Rm 10,14). Et il explique: «Donc, la foi vient de ce que l'on entend, et on entend par une parole de Christ» (Rm 10,17). Dans certaines traductions de la Bible, on lit ici: «Ainsi, la foi repose sur le message et le message sur la parole du Christ.» En effet, le terme grec *akoe* signifie «entendre», et la formule latine *ergo fides ex auditu*, «la foi vient de ce que l'on entend», confirme la traduction. Qui entend et écoute le message de Jésus peut y croire. Mais, plus encore, l'écoute peut engendrer la foi. Car nous entendons les paroles de Jésus qu'il prononce avec autorité, dans une écoute où nous nous laissons profondément toucher par elles.

Regarder et voir

On ne fait pas toujours la différence entre regarder et voir. Or, comme nous l'avons dit précédemment, il s'agit, dans le premier cas, de considérer quelqu'un ou quelque chose avec attention, de porter un regard appuyé et de ne faire qu'un avec ce que l'on regarde, de contempler – un mot cher à la mystique. Voir, en revanche, est d'abord la faculté de percevoir, de distinguer quelqu'un ou quelque chose. Pour ces deux verbes, le grec dispose de divers termes, sur l'arrière-plan desquels on pourrait développer une théologie spécifique du regard. Attardons-nous sur quelques passages de la Bible qui les abordent.

Commençons par Job chez qui l'on perçoit une sorte de regard mystique lorsqu'il dit : «Et derrière ma peau je me tiendrai debout, et de ma chair, je verrai Eloah. Moi-même je le verrai, moi, mes yeux regarderont, et non un autre» (Jb 19,26-27). Lorsque Dieu dévoile aux yeux de Job la puissance et la beauté de la nature, celui-ci proclame: «Par ouï-dire je te connaissais, mais maintenant mon œil t'a vu» (Jb 42,5). Il a désormais la certitude que si, durant sa vie terrestre, il peut voir la force et la magnificence divines dans la beauté de la nature, c'est Dieu lui-même qu'il pourra contempler après la mort.

Les psaumes eux aussi abordent souvent ce thème: «Car juste est Yahvé, il aime la justice; les hommes droits contempleront sa Face» (Ps 11,7). Le samedi saint, nous, les moines, chantons ce verset que nous associons à la résurrection de Jésus: «Pour moi, dans la justice, je contemplerai ta Face; de ton image, à mon réveil, je me rassasierai» (Ps 17,15). Et, dans le psaume 42, le psalmiste aspire à contempler la face de Dieu: «Mon âme a soif du Dieu vivant. Quand donc viendrai-je et paraîtrai-je devant Dieu?» (Ps 42,3). Et encore, dans notre détresse, nous contemplons le Seigneur, notre Dieu, «comme les yeux des esclaves se lèvent vers la main de leurs maîtres» (Ps 123,2).

Dans le Nouveau Testament, Dieu promet à ceux qui ont le cœur pur qu'ils verront

Dieu (Mt 5,8). Les Grecs appréciaient particulièrement cette promesse de béatitude, car pour eux, Dieu est avant tout celui que l'on regarde. *Theos*, Dieu, dérive de *theasthai* (regarder avec attention). Luc le Grec élabore une théorie de la contemplation en décrivant comme un spectacle la vie de Jésus, et en particulier sa crucifixion : «Et toutes les foules qui, accourues à ce spectacle, regardaient ce qui était arrivé, s'en retournaient en se frappant la poitrine» (Lc 23,48). Il utilise dans son récit les mots *theoria* (littéralement : spectacle), *theoresantes*, participe aoriste du verbe *theorein* (contempler, examiner, porter un regard spirituel). En regardant le spectacle de la mort de Jésus, les gens entrent en contact avec leur être véritable et s'en retournent transformés (*hypostrephon,* retourner, se transformer). Pour Aristote, qui en a fait une théorie, le spectacle conduit à la *catharsis*, c'est-à-dire à la «purification des émotions et des passions». Chez Luc, on pourrait dire que la foi émane de la contemplation. En voyant mourir l'homme authentiquement juste qu'est Jésus, en le voyant pardonner à ses bourreaux, promettre le paradis au larron à sa droite et, confiant, s'en remettre à Dieu, les disciples font l'expérience de la rédemption. Ils se sentent inconditionnellement acceptés et absous. Certains désormais que, le moment venu, ils s'abandonneront, comme Jésus, aux mains miséricordieuses de Dieu et à ses bras aimants, ils n'ont plus peur de la mort.

Mais Luc évoque encore un autre aspect de la vision. Les gens ont beau voir la même chose, la réaction de chacun est différente. Les bergers par exemple qui, après avoir vu les anges, réagissent en prenant la route pour Bethléem, afin de voir «cette chose qui est arrivée et que le Seigneur nous a fait connaître» (Lc 2,15). Le prêtre et le lévite voient l'homme qui est tombé entre les mains des brigands et continuent leur chemin, tandis que le Samaritain a pitié du malheureux. Et il n'éprouve pas seulement un sentiment, il passe aussi à l'action : «Et, s'avançant, il banda ses blessures, y versant de l'huile et du vin ; puis l'ayant fait monter sur sa bête, il l'amena à l'hôtellerie et prit soin de lui» (Lc 10,34). Et dans la parabole du fils perdu, le père miséricordieux a lui aussi pitié de ce fils prodigue qu'il voit arriver de loin ; il court à sa rencontre, «se jette à son cou et le couvre de baisers» (Lc 15,20).

Dans l'Évangile de Jean, « voir » et « regarder » occupent une place particulière. On pourrait dire que chez lui la foi n'émane pas de la contemplation, mais qu'elle *est* contemplation, c'est-à-dire une manière très particulière de regarder. Pour croire, il est essentiel de voir le fils de Dieu en l'homme Jésus. Nous voyons Dieu en cet homme brisé que Jean décrit comme de la chair périssable (*sarx*), comme l'agneau (*amnos*), livré sans merci à la violence. Avoir la foi, c'est reconnaître la gloire de Dieu en cet homme crucifié, témoin d'un amour plus fort que la mort. La théologie de la contemplation débute dès le prologue : « Et le Verbe est devenu chair, et il a séjourné parmi nous. Et nous avons contemplé sa gloire, gloire comme celle que tient de son Père un Fils unique, plein de grâce et de vérité » (Jn 1,4). Le mot *theasthai*, que l'on trouve ici, dérive du grec ancien et exprime une contemplation spirituelle, profonde, qui conduit à la découverte de l'essentiel, à savoir du mystère lui-même.

Regarder et voir jouent par ailleurs un rôle central lors de l'appel des premiers disciples de Jésus. Apercevant Jésus, Jean déclare :

«Voici l'agneau de Dieu qui enlève le péché du monde» (Jn 1,29). Ou bien, lorsque Jésus veut savoir ce que cherchent les disciples qui le suivent: «Où demeures-tu?», lui répondent-ils, voulant tout simplement voir où et comment vit Jésus et, en le contemplant, savoir qui il est vraiment. «Venez et vous verrez» (Jn 1,38 *sq*.). En le regardant évoluer dans son quotidien, ils découvriront son être profond. Dans un autre passage de l'Évangile, Jésus regarde Simon que son frère André lui a conduit, et dit: «Tu es Simon, le fils de Jean; tu t'appelleras Kephas» (Jn 1,42). On trouve ici le mot *emplepsas*, qui signifie «plonger son regard». Jésus scrute Pierre, découvre son être, voit le potentiel qu'il recèle, éveille les capacités qu'il porte en lui. De même, lorsque Nathanaël doute que quelque chose de bon puisse sortir de Nazareth, Philippe répond: «Viens et vois!» (Jn 1,46). Nathanaël doit examiner lui-même qui est ce Jésus et, en le regardant, reconnaître en lui le Messie. Jésus, lui, en voyant Nathanaël, reconnaît immédiatement en lui un être authentique: «Voici vraiment un Israélite qui est sans détour» (Jn 1,47).

Et Jésus promet à Nathanaël qui s'étonne d'avoir été vu sous le figuier: «Parce que je t'ai dit: "Je t'ai vu sous le figuier, tu crois." Tu verras mieux encore. [...] Vous verrez le ciel ouvert, et les anges de Dieu monter et descendre sur le Fils de l'homme» (Jn 1,50 *sq*.). Ici on trouve le mot grec *opsesthe*, qui signifie: tu fixeras du regard, tu contempleras avec beaucoup de nostalgie et auras progressivement accès au mystère. Il s'agit d'une contemplation mystique. En Jésus, homme, les disciples verront s'ouvrir le ciel et les anges monteront et descendront au-dessus de lui.

Dans la querelle avec les Juifs, il est souvent question du regard: «Vous m'avez vu et vous ne croyez pas» (Jn 6,36), leur dit Jésus. Et encore: «Ce que moi j'ai vu auprès de mon Père, je le dis» (Jn 8,38). On retrouve ici le terme *horan* (regarder attentivement, considérer, méditer). Tout ce qu'a Jésus, il l'a vu auprès du Père. À l'issue de ce discours, Jean nous relate la guérison de l'aveugle-né. Une parabole à destination des Juifs et de nous-mêmes. En effet, nous sommes tout aussi aveugles qu'eux qui ne veulent pas comprendre Jésus, qui ne voient en lui que le fils d'un charpentier et non le Messie. Jésus met sur les yeux de l'aveugle une boue qu'il a confectionnée en mélangeant sa salive à de la terre (*humus* en latin). Faisant cela, il invite l'aveugle à être humble (*humilis*), afin d'avoir le courage d'accepter sa condition d'homme et son lien à la terre, au lieu de rester aveugle à sa propre réalité en s'identifiant à des images trop élevées. Puis il l'envoie se laver à la piscine de Siloé, et aussitôt, l'aveugle recouvre la vue. Jean, avec ce récit, entend nous montrer que nous sommes tous aveugles, mais que la rencontre avec Jésus peut nous ouvrir les yeux. L'Église primitive y a associé le baptême : le baptême nous donne la vue. Le baptisé peut voir la réalité telle qu'elle est. La légende de sainte Odile, née aveugle elle aussi, et qui recouvre la vue lors de son baptême, a concrétisé le récit de Jean pour la croyance populaire. Pour les premiers chrétiens, le baptême (ils emploient le terme *photismos*, c'est-à-dire littéralement illumination) nous ouvre les yeux, pour que nous puissions voir, dans la lumière de Jésus, la réalité telle qu'elle est, emplie de part en part de l'amour de Dieu.

Dans le discours d'adieu, regarder et voir prennent une autre dimension encore. Jésus dit à Philippe : « Celui qui m'a vu a vu le Père » (Jn 14,9). Autrement dit, celui qui contemple Jésus, plein de nostalgie, voit en lui le Père, reconnaît la face du Père en celle de Jésus. En Jésus, les disciples voient le Père, mais le monde ne voit ni ne reconnaît Jésus. Les disciples voient Jésus même après sa mort, alors que pour le monde, il est invisible auprès d'eux. «Encore un peu et le monde ne m'apercevra plus, mais vous, vous m'apercevrez, parce que moi je vis et que vous aussi, vous vivrez» (Jn 14,19). À cet endroit, Jean utilise le terme *theorein* (contempler): les disciples contempleront le mystère de Jésus même s'il ne vit plus parmi eux comme avant sa mort et avant sa résurrection. C'est là une vision intérieure, un regard spirituel.

Et enfin, le regard est important aussi dans les récits de la résurrection. Lorsque Jean regarde dans le tombeau vide: «Il vit et il crut» (Jn 20,8), il suffit à Jean de voir pour croire. Après que Thomas a regardé Jésus et touché ses plaies, Jésus lui dit: «Parce que tu m'as vu tu as cru, heureux ceux qui croient sans me voir» (Jn 20,29). Dans la première phrase, on lit en grec le mot *horan* (contemplation et regard intense). Thomas n'a pas juste promené son regard sur Jésus, mais l'a vraiment et intensément regardé, afin de déceler son mystère. Dans la seconde, on lit le terme *idein* (regard superficiel). Nous ne voyons pas Jésus extérieurement. Mais nous sommes bienheureux si nous croyons parce que nous le regardons avec le cœur, comme une lumière intérieure, comme notre maître.

III

Écouter et regarder
dans la philosophie et en théologie

Les philosophes se sont de tout temps intéressés à ces deux sens fondamentaux pour l'homme que sont l'ouïe et la vue. Les Grecs ont plutôt mis l'accent sur le second, les Romains, comme aussi d'ailleurs les penseurs hébraïques, sur le premier. Mais chez tous, on retrouve l'un et l'autre étroitement liés.

Regarder et voir

On retrouve aussi le point de vue des philosophes grecs dans le Nouveau Testament et notamment dans la deuxième épître de saint Pierre, le texte le plus tardif. C'est en effet dans cet écrit que la pensée hellénistique apparaît le plus clairement, lorsque Pierre y déclare que, sur la sainte montagne, les apôtres ont été « témoins oculaires de la grandeur » de Dieu (2 P 1,16). Le terme « témoin oculaire » est issu du langage des cultes à mystères grecs et caractérise, selon le théologien allemand Walter Grundmann, celui qui, grâce à la vision, reçoit l'initiation suprême. Les épîtres pastorales décrivent l'événement Jésus-Christ comme une *épiphanie,* c'est-à-dire comme la révélation de la grâce de Dieu. L'Église primitive considérait le fait que Dieu se soit rendu visible et accessible au regard de l'homme comme le mystère de l'Incarnation. Et en

contemplant dans le Christ la gloire resplen-
dissante de Dieu, nous sommes initiés au
mystère de Dieu et devenons «participants de
la nature divine» (2 P 1,4). Pour les Grecs,
Dieu est donc fondamentalement celui qui
peut être vu et contemplé. Nous l'avons dit
précédemment, *theos* dérive de *theasthai*, qui
signifie «regarder avec attention». En regardant Dieu, je fais un avec Lui, je m'unis à
Lui et sa Face se reflète sur mon visage. Tout
comme Dieu est celui que l'on contemple, le
visage de l'homme, *prosopon*, ce que l'on peut
voir, est essentiel pour les Grecs, tandis que
le mot «personne» provient, chez les Latins,
de *persona,* lui-même composé de *per-sonare*
(résonner, retentir). Autrement dit, pour les
Grecs, le visage révélait l'essence de l'homme;
pour les Romains, c'était la voix.

Les philosophes grecs ont la certitude que
dans tout ce que nous voyons, nous percevons en dernière instance un reflet de Dieu.
Ils ont toujours établi un rapport étroit entre
l'expérience, la connaissance et la pensée. La
connaissance est une sorte de vision spirituelle. La pensée est une «capacité visuelle d'ordre
spirituel». Depuis Platon, il s'agit d'établir
que l'homme ne voit pas seulement avec les

yeux de son corps ce qui est visible ; avec ceux de l'âme et de l'esprit, il y découvre l'invisible. Selon le philosophe Alois Halder, l'expérimentation, la connaissance et la pensée sont, pour les Grecs, une manière particulière de voir, en quelque sorte une vision spirituelle, une perception spirituelle, une rencontre spirituelle. Et donc, ce que l'on peut percevoir et reconnaître, ce dont on peut faire l'expérience est naturellement conçu comme visible, non pas par les yeux du corps, mais justement ce qui est visible et perceptible par l'esprit, quelque chose d'essentiellement iconique, et qui apparaît comme réel et manifeste dans la pensée et pour la pensée.

Que les idées et la connaissance soient en rapport avec la vision est évident dès lors que l'on prend conscience que « savoir » et « voir » sont de la même famille. Nous voulons voir, c'est-à-dire avoir une vue d'ensemble, regarder à travers, à l'intérieur et si possible au plus profond des êtres et des choses. Nous voulons savoir, c'est-à-dire voir si possible tout et le regarder comme si nous l'avions toujours vu. Pour Goethe, l'homme est comme Lyncéus, le gardien de la tour, un vigile né pour voir et programmé pour regarder. Notre vocation la plus profonde est de porter sur le monde un regard perçant, afin d'y contempler Dieu lui-même, dans son mystère insondable.

Regarder, c'est être libre, voir de ses propres yeux, ne pas dépendre de ce que racontent les autres. Parce que les Grecs faisaient confiance à leur regard, ils étaient courageux et n'hésitaient pas à emprunter de nouveaux chemins, tandis que les Romains demandaient conseil aux anciens avant de prendre une décision. « Voir conduit à la liberté, entendre, à la sécurité », a dit Martin Heidegger. Les mystiques furent de tout temps des suspects aux yeux de l'Église établie, car comme ils « avaient vu », on ne pouvait les manipuler. Il est important que nous fassions confiance à notre propre regard. Regarder avec attention, c'est finalement voir Dieu en toute chose, comme le fondement de toute chose. Le mystère de Dieu, de l'être humain et de la Création se révèle à nous dans le regard. Le regard se porte toujours sur le présent. Ce que je vois demeure.

L'histoire de la philosophie occidentale est une histoire de la théorie. Et le mot « théorie », nous l'avons déjà mentionné, vient du grec *theorein* (voir, regarder). C'est une histoire de mise au clair, comme à l'époque des Lumières précisément, et il y va donc du «voir». Bien informé sur le réel, je vois plus clair. Mon regard devient libre, débarrassé des projections et des représentations avec lesquelles j'ai falsifié la réalité. Être éclairé, c'est voir les choses telles qu'elles sont vraiment. Et pour les Grecs, la vérité (*aletheia*) est également en lien avec le regard. L'*aletheia*, c'est le geste de dévoiler les choses, de libérer le regard en levant le voile qui repose sur toute chose et masque la réalité. Mais outre le fondement de la pensée, le regard est aussi celui de la créativité. Dieu a créé le monde en le regardant. Le monde issu de cette vision créatrice divine est la création d'une image. Les artistes imaginent leur œuvre, la voient en image avant de la créer.

Par ailleurs, regarder engendre toujours la simultanéité. Le présent que je regarde contient aussi le passé et déjà le futur. Le passé est toujours et encore le présent antécédent que je continue à percevoir, et le futur est un présent prévisible qui se profile à l'horizon. Penser, c'est porter un regard d'ensemble à l'intérieur d'un espace de simultanéité où, sur une même scène, je repasse les contours du passé et dessine ceux de l'avenir.

Toutefois, le regard n'est pas seulement le fondement de la pensée. C'est aussi la voie qui mène à l'expérience de Dieu. Un regard sur l'histoire nous montre que depuis la nuit des temps, c'est dans la contemplation que les hommes ont rencontré Dieu. Ils ont vu la beauté de la nature et y ont reconnu le Créateur. Ils ont regardé le soleil, cette lumière chargée de mystère, et ils y ont vu Dieu. Sans le soleil, rien n'est visible, pas même la beauté du monde. Je ne peux percevoir le mystère de la Création qu'à la lumière de Dieu. Mais tout dépend aussi de la manière dont je regarde. Si je ne regarde le monde que d'un œil scrutateur, qui subdivise et calcule, je ne vois que des choses les unes à côté des autres. Si j'ouvre grands les yeux, au contraire, je ne fais qu'un avec ce que je vois et je perçois le fondement de toute existence. L'invisible se révèle dans ce qui est visible. Nous avons tous déjà contemplé un coucher de soleil. À l'instant ultime où il disparaît, il ressemble à un simple œil. Le temps s'arrête dans la contemplation et l'étonnement. L'instant présent et l'éternité coïncident. Dans le circonscrit que je vois, je vois tout. Le tout est dans la partie. C'est l'expérience qu'a faite saint Benoît lorsqu'il a aperçu le monde entier rassemblé dans un rayon de soleil. Il a vu Dieu, non pas directement, mais dans sa Création : il a vu dans l'image Celui qui est sans image, dans le monde Celui qui transcende le monde.

L'Église primitive déjà représentait le Christ comme le bon Berger. S'opposant aux iconoclastes, l'Église orientale a mis en valeur l'icône qui donne accès à l'invisible. Qui contemple une icône ne la juge pas d'après des critères esthétiques, il fait un avec elle, se fond ainsi avec ce qu'il regarde. La contemplation d'une image du Christ me permet de comprendre le mystère de son amour. Je vois ses yeux bienveillants et je me sens accepté et profondément aimé. La vénération des icônes en Orient correspond à l'adoration de l'Eucharistie en Occident. L'ostensoir, avec l'hostie en son centre, est comme une icône, un mandala qui me transforme, moi qui contemple. Dans le morceau de pain, je perçois le mystère de Jésus-Christ et son sacrifice sur la croix. J'y entrevois le fondement du monde qui n'est pas ténèbres et haine, mais lumière et amour. L'art religieux a constamment tenté de représenter ce qui est invisible en ce monde. Ce qui fait dire au peintre espagnol Antoni

Tàpies: «L'image est une porte qui conduit à une autre porte.» L'image ouvre une porte sur le mystère de Dieu. Dieu s'y dévoile. L'Épiphanie, la révélation de Dieu dont parlent les épîtres pastorales, est présente dans toute œuvre d'art, dans toute image, mais de manière éminente dans l'image sainte, l'icône.

La mystique grecque a donc toujours été une mystique de la vision, par laquelle on ne fait qu'un avec ce que l'on contemple. Elle ne se manifeste pas seulement dans la vénération des icônes, mais aussi dans la théologie. Les théologiens grecs prônaient une théologie imagée. Le mystère invisible se révélait dans les images intérieures. Le Christ «est l'image du Dieu invisible» (Col 1,15). Il fallait donc le représenter non pas en des termes abstraits, mais au moyen d'images que l'on empruntait aux mythes et aux légendes. La mystique du regard débouche sur la contemplation. Pour Clément d'Alexandrie déjà, la *theoria* (contemplation) était le but de la vie. Pour Évagre le Pontique, elle comporte deux étapes. La première, la *theoria physike*, consiste à contempler la nature et discerner dans la Création l'essence de toutes les choses et leur fondement ultime qu'est Dieu. Et elle voit flamboyer dans la lettre des saintes Écritures Dieu lui-même. La seconde est la contemplation du Dieu trinitaire. L'homme s'y dépouille de ses passions et de ses propres représentations pour s'unir à Dieu qui est par-delà toute représentation. Il ne considère plus Dieu comme une réalité particulière, mais le contemple en tout, y compris en son propre for intérieur. Car la contemplation est liée à la vision d'une lumière intérieure. Comme dans un miroir, Dieu brille dans l'âme humaine. Dans cet état de prière, dit Évagre, « son propre état lui [à l'homme] apparaîtra pareil au saphir et à la couleur du ciel, un état que l'Écriture nomme "lieu de Dieu" ». Le but du cheminement spirituel est l'*apatheia*, c'est-à-dire la liberté intérieure à laquelle on accède en se libérant de toute passion mauvaise. L'homme alors voit sa propre lumière. Sa propre nature lui apparaît parce qu'elle est devenue lumineuse et a part à la lumière divine.

La mystique de la contemplation nous montre que nous ne pouvons voir Dieu comme une forme parmi d'autres, mais seulement comme l'image originelle qui brille au cœur même des nombreuses images. L'image de Dieu n'est ni limitée, ni finie, ni tangible. Lorsque nous évoquons l'expérience de Dieu dans la contemplation, nous nous heurtons à un paradoxe : Dieu, qui est illimité, infini et insaisissable se manifeste dans les nombreuses images que véhicule ce monde et dans lesquelles il s'inscrit pour ainsi dire. Faire l'expérience de Dieu, c'est le reconnaître comme la quintessence de toutes les quintessences, en tout et à travers tout, c'est reconnaître son image dans toutes les formes. Pour distinguer ainsi l'invisible dans le visible, il faut cette manière particulière de regarder qu'est la contemplation spirituelle, et qui demande de l'entraînement. Il s'agit d'une vision désintéressée, dans laquelle je fais abstraction de moi-même, où je me détache de tout pour m'adonner totalement à la contemplation. Ce regard d'étonnement est le point de départ de toute philosophie, et le début aussi de toute rencontre avec Dieu.

La contemplation constituera également l'accomplissement de notre vie. Les théologiens parlent de *visio beatifica*, de vision béatifique. Le regard que nous portons ici-bas est déjà la préfiguration de l'accomplissement et laisse entrevoir la contemplation éternelle de Dieu. Dans la mort seulement, Dieu se révélera à nous tel qu'il est véritablement. Dans l'éternité, l'essence de la contemplation accède à son accomplissement et ce que nous contemplons demeure éternellement.

Écouter

Si les Grecs considéraient la vue comme la plus importante activité sensorielle de l'homme, les Romains, eux, privilégiaient l'écoute. Ils écoutaient les conseils des anciens et ce qu'ils leur racontaient du passé. Dans la théologie juive, l'écoute de la parole de Dieu était au cœur de la foi. Pour les juifs, Dieu est avant tout celui qui, dans l'histoire, ne cesse de parler à son peuple et à des individus, et écouter est aussi, pour eux, se souvenir de ce qui a été. Ce que leur racontaient les Pères était une norme de vie. Les juifs écoutaient la parole de Dieu pour la mettre en pratique. La religion juive est essentiellement une religion de la parole et de l'obéissance. Écouter et obéir conduisent à une nouvelle manière d'agir. Ce que Dieu dit doit être mis en œuvre. La profession de foi quotidienne des juifs commence par : « Écoute, Israël. » Pour les théologiens protestants, la parole de Dieu est également au centre de l'expérience religieuse. La foi, selon saint Paul, vient de l'écoute et la foi réclame l'obéissance.

Les Grecs prêtaient certes aussi attention à l'écoute, mais pour eux elle était moins axée sur l'obéissance que sur le partage des émotions. C'était un «événement affectif». Selon les Grecs de l'Antiquité, les bruits et les sons ne parviennent pas au cerveau, mais au diaphragme, où ils engendrent les émotions et les sentiments. La musique agit dans le *thymus*, la sphère de l'affectivité, en provoquant de la joie. Écouter, c'est d'abord être touché intérieurement. Pour Théophraste d'Éresos, l'ouïe est le plus émotionnel des sens humains. Les sentiments passent par l'écoute. En écoutant l'autre, j'ai part à ses émotions, et en s'écoutant mutuellement, on fait naître des émotions qui stimulent l'action. Mais en fin de compte, écouter la parole de Dieu, c'est participer aux sentiments divins et laisser Dieu nous toucher en notre cœur. Les mots engendrent des relations. Une éducatrice m'a raconté que les aveugles ont la faculté de célébrer Noël beaucoup plus intensément que les sourds, car ils sont bien plus réceptifs aux émotions que provoquent les chants et les textes qu'ils entendent. Les sourds, eux, ne voient que l'éclat des lumières. Le regard touche moins le cœur que l'écoute. Les aveugles sont coupés des objets, les sourds sont coupés des gens, ou, comme l'exprime Lorenz Oken, philosophe de la nature, «l'œil introduit l'homme dans le monde, l'oreille introduit le monde dans l'homme». Un psychiatre, qui avait commencé sa carrière dans un établissement pour sourds-muets et l'avait continuée dans un autre réservé aux malvoyants, a très nettement ressenti la différence entre les sourds et les aveugles. Dans le premier établissement régnait une forte agressivité. Les regards que se portaient les sourds étaient des regards destructeurs. Tandis que les aveugles étaient beaucoup plus prévenants les uns envers les autres, plus serviables et plus sensibles. La surdité rend toujours méfiant parce qu'elle empêche de ressentir les émotions de l'autre.

Selon Alois Halder, l'ouïe est le sens qui est atteint par le cri de ce qui naît, de ce qui vient au monde dans la joie ou la douleur, mais aussi par le silence de ce qui s'échappe de nous. Si la vision n'est jamais assouvie, ce que nous entendons s'atténue peu à peu pour cesser. L'écoute s'inscrit dans l'instant. Nous n'entendons pas seulement les mots et leur contenu, mais aussi et surtout *la manière* dont ils sont prononcés. Le ton fait la musique. Dans les mots, nous percevons l'intention, la proximité ou la distance, l'amour ou l'indifférence, la compréhension ou la réserve. L'idéal pour les Grecs était le philosophe, celui qui voit. Pour les Romains, c'était le rhéteur, celui qui s'adresse aux gens, les envoûte, éveille en eux quelque chose, noue une relation avec eux. Parler et écouter sont fondamentalement un processus relationnel. Pour que le rhéteur ou le poète puisse toucher l'auditeur, il lui faut une belle voix et la travailler. Mais finalement – c'est ce que croient les Grecs –, ce sont les muses qui lui insufflent une voix divine. Orphée, qui, par son chant allait jusqu'à charmer les bêtes sauvages, est devenu l'image par excellence des poètes et des chantres.

Mais nous n'entendons pas que des mots. Selon Halder toujours, les choses parlent aussi et le monde est empli de sons : des craquements et des crépitements, des cliquetis et des bourdonnements, des sonneries, des bruissements. En allemand, les termes «dire» et « montrer » ont la même origine. Lorsque je dis quelque chose, je le montre, j'attire sur ce que je dis l'attention de celui à qui je parle pour qu'il puisse voir lui aussi. Tandis que « parler » et « briser, rompre » appartiennent eux aussi au même champ sémantique. Le langage ne se manifeste pas seulement comme une aide à faire apparaître les choses et comme une représentation imagée, mais par le fait même qu'il s'élance et rompt le silence, et puis en ce que le mot, la phrase, le discours s'interrompt à nouveau et retombe dans le silence. La parole retentit. La corde d'un instrument de musique résonne lorsque l'archet l'effleure, la frotte ou la frappe. Quelque chose résonne dès lors que sa figure et sa forme est touchée et remuée jusqu'en ses profondeurs les plus intimes. Parler et écouter font naître la relation. Celui qui parle ne partage pas seulement quelque chose, il se donne lui-même en partage. Et écouter, c'est prendre part à celui qui parle. Autrement dit, quand nous parlons et écoutons, nous communiquons et participons aux sentiments, aux battements de cœur des hommes et des choses.

Que le monde résonne et chante, Joseph von Eichendorff l'a parfaitement exprimé dans un célèbre poème : « Un chant sommeille dans toutes choses qui rêvent sans fin et le monde se met à chanter si tu trouves le mot magique. » Le monde, nous l'avons dit, est empli de sons. La parole de Dieu y résonne en lui. Mais souvent, nous n'entendons pas le chant divin dans la Création, parce que nos oreilles sont trop assourdies par le vacarme environnant ou le bruit de nos propres pensées. L'Ancien Testament nous révèle que Dieu est essentiellement voix, une voix que nous ne percevons pas directement, mais, pour reprendre les termes du philosophe Alois Halder, comme « la voix qui résonne dans toutes les voix du monde et de l'homme ». La philosophie grecque, qui pourtant donne la primauté à la vue, n'écarte pas non plus ce mystère : nous pouvons entendre Dieu. Héraclite, par exemple, exhorte à « écouter en toutes choses du monde le *logos* divin ». Les pythagoriciens parlent de l'*harmonia mundi*. Le but de leur quête est de percevoir l'harmonie du cosmos. Entendre est toujours en lien avec l'harmonie : en écoutant, je perçois l'atmosphère d'un paysage, ou l'humeur d'un individu. Dans l'écoute du monde, j'entends que je suis mû par Dieu et en harmonie avec

Lui. Et pour peu que je sois tout ouïe, je perçois en fin de compte ce que ressent Dieu. Alois Halder se demande ce que «percevoir la voix de Dieu» peut signifier: est-ce en percevant tous les sons qui abondent dans le monde, les aigus et les graves, les consonances et les dissonances, ceux qui apaisent et ceux qui effraient? On peut supposer sans doute que les individus véritablement religieux font l'expérience de la voix parmi les voix dans l'atmosphère du monde, et perçoivent la présence divine rédemptrice au sein même de la misère du monde.

Plus récemment, le journaliste allemand Joachim-Ernst Berendt (1922-2000) a pris fait et cause pour l'écoute dans ses écrits et ses conférences. Il serait essentiel, selon lui, à notre époque où l'image prédomine, d'accorder à nouveau une plus grande importance à l'écoute. La vue est un sens masculin, l'ouïe plutôt un sens féminin. Orienter sa pensée unilatéralement à partir du voir rend agressif. Il faut donc à nouveau cultiver l'écoute pour entendre et pour ainsi dire «exaucer» l'inaudible caché dans l'audible. Les frères Grimm décrivent la finesse particulière de l'ouïe. À ce propos, Berendt cite le prophète

Isaïe: «Écoute, et ton âme vivra!» Pour le compositeur Josef Matthias Hauer, écouter est «l'acte spirituel de l'homme, l'écoute de l'immuable, de l'insaisissable, de l'inintelligible, de l'inaltérable, de l'éternel». L'oreille dépasse et transcende. Elle sert de passerelle «entre l'audible et l'inaudible». Qui prête l'oreille entend la voix du cosmos et le cosmos est son. Ce ne sont pas seulement les oiseaux qui chantent, le cosmos lui-même est chant. La physique moderne a redécouvert ce que savait déjà Pythagore: tout, partout, résonne. Mais nous n'entendons pas le son du cosmos dans lequel Dieu lui-même se fait entendre. Et nous n'entendons pas les voix dans notre propre cœur. Celui qui voudrait trouver Dieu en son cœur doit mettre son oreille intérieure à l'écoute des impulsions discrètes qui se manifestent au fond de lui. Berendt nous exhorte: «Entends-toi! Écoute en toi! Écoute-toi! Appartiens-toi!» L'écoute doit se faire ardente. Nous appartenons alors à ce que nous écoutons. Ce que nous avons écouté pénètre en nous et cette pénétration a toujours un peu le sens de la pénétration dans l'acte d'amour. Lorsque nous sommes tout ouïe et que notre corps est à l'écoute, nous laissons

Dieu pénétrer en nous, nous laissons sa voix pénétrer notre cœur et notre âme, et nous faisons l'expérience de ce que disait Martin Heidegger : « Voir conduit à la liberté, entendre, à la sérénité. » Lorsque la voix de Dieu résonne en nous, nous sommes en sécurité en Lui et obéissants. Nous nous unissons à l'Un, à Dieu, au son de l'être caché au plus profond de nous. Pour Berendt encore, entendre signifie finalement participer à la louange cosmique des sphères et des voies lactées, de la trajectoire des planètes, des particules élémentaires et des gènes. Entendre cet hymne joyeux est une « nourriture pour l'âme ». Notre tâche consiste à percer la surface pour écouter l'harmonie cachée en tout, pour écouter la voix de Dieu dans et derrière toutes les voix. Mais pour y parvenir, nous devons, dans le silence, accorder l'instrument de notre oreille.

Le but de Berendt n'est pas d'accorder plus d'importance à l'ouïe qu'à la vue. Nous avons besoin des deux. Mais si la vue n'est pas suffisamment liée à l'ouïe, elle devient possessive et agressive. Elle s'introduit dans le monde. Certes, la vue n'a pas ici, pour Berendt, le sens de la contemplation dont parlaient les Grecs, qui, elle, n'était pas possessive. Dans la contemplation, les Grecs voulaient plutôt s'unir à ce qu'ils contemplaient, tout en laissant les choses être ce qu'elles étaient. Tandis que la vision moderne qu'évoque Berendt veut tout posséder : je dois voir tout, avoir tout vu. Cela fait pour ainsi dire partie de ma culture. Mais je ne regarde que pour posséder et non pour ne faire qu'un avec ce que je regarde. Nous avons besoin aujourd'hui d'une nouvelle sensibilité pour la dimension féminine de l'ouïe. Écouter, c'est percevoir des mots, et la perception conduit à la raison, à l'entendement.

Ce que Berendt veut dire quand il parle de l'écoute apparaît clairement lorsqu'il s'exprime sur *L'art de la fugue* de Jean-Sébastien Bach : « Je ferme les yeux et, pour toute la durée du morceau, j'appartiens à la musique. Ce que j'écoute – à condition que je sois extrêmement attentif – ne fait qu'un avec moi. Nous nous donnons à ce (ou à celui) que nous écoutons et, dès lors, nous lui appartenons. Mais naturellement, la vue, tout comme l'ouïe, peuvent être mal utilisées. Ce qui est entendu ne doit pas dégénérer en simple soumission passive. Il existe une union profonde dans l'amour, mais aussi le danger d'une sorte de servitude. Ce n'est que grâce à l'amour que l'écoute devient une union positive, celle qu'évoque le mot *religio*, le rattachement à Dieu, qui conduit l'homme à l'union intérieure. Nombreux sont ceux qui sont fragiles intérieurement et ont besoin d'être reliés à plus fort qu'eux pour se trouver eux-mêmes.

La voix de Dieu résonne dans la Création, dans tout ce qui parvient à notre oreille, dans le vent, dans le clapotis des ruisseaux, dans la pluie, le gazouillis des oiseaux. Pour y entrevoir Dieu, il nous faudrait écouter l'harmonie du monde dans les voix de la Création. Mais la voix de Dieu nous parvient surtout dans la Parole. Ce peut être par les voix intérieures de notre cœur ou de notre conscience, mais aussi par des mots que nous entendons dans nos rêves. Dieu peut s'adresser à nous de cette manière. Il nous faut prendre ses paroles au sérieux, non comme des paroles à valeur absolue, mais au moins comme des inspirations intérieures qui méritent qu'on en tienne compte. Et puis il y a aussi les paroles que les autres nous adressent, empreintes de leurs émotions. Lorsque quelqu'un s'adresse à moi avec des mots qui viennent de son cœur, j'ai part à son for intérieur. Mais le mystère de la parole ne trouve son plein accomplissement que dans celle que Dieu m'adresse. Si je lis dans la Bible les paroles de Dieu, si je les écoute, si je les entends lire, c'est Dieu qui s'adresse à moi. J'y entends la voix de son cœur et sa bienveillance infinie à mon égard.

Les paroles de la Bible sont pour moi les paroles d'un interlocuteur, d'une personne qui veut entrer en relation avec moi. C'est pourquoi il est important pour moi de méditer les textes bibliques comme des paroles que Dieu m'adresse personnellement en ce moment même. Si je réfléchis, par exemple, à ces mots : « Ne crains pas, car je t'ai racheté, je t'ai appelé par ton nom, tu es à moi » (Is 43,1), c'est moi que Dieu interpelle, c'est moi qui suis visé. Telle est ma réalité la plus profonde. Et si ce que Dieu me dit est exact, qu'est-ce que je ressens alors ? Comment je me regarde et comment je regarde Dieu ? Si je ne me contente pas de réfléchir rationnellement à cette parole, mais la laisse pénétrer dans mon cœur, si je la goûte et la déguste de tout mon être, elle va pénétrer mes émotions et déclencher en moi des sentiments de bouleversement, de joie, de confiance. Je dois laisser la parole de Dieu retentir en mon cœur, afin que le son de sa voix puisse épanouir et guérir mon corps et mon âme.

Pour entrevoir le mystère de la parole, il nous suffit de nous rendre à l'école des poètes. Si nous décrivons l'ouïe comme le lieu où nous pouvons faire l'expérience de Dieu, il nous faut apprendre des poètes un nouvel accès à la parole. Paul Celan était un maître en la matière, qui concevait toujours de nouvelles combinaisons de mots cernant l'imprononçable et s'approchant de l'indicible. Il souhaitait y faire apparaître ce qui est encore invisible, qui est entrevu, certes, mais pas encore vraiment connu. Il était convaincu qu'«une foi sans parole est aussi insensée qu'une parole sans foi». Il avait compris l'affirmation de Jean selon laquelle «tout fut par le Verbe, et sans lui rien ne fut». Il a fait sortir le monde du néant. Le but de nos paroles est de s'adresser à ce qui est absent pour que cela devienne irréductiblement présent, de faire émerger du néant quelque chose qui se condense en poème à jamais inoubliable et crée un monde aux effets imprévisibles. Avec ses poèmes, Celan voulait ouvrir des espaces à ce qui n'était pas encore exprimé, et donner la parole à ce qui était encore sans voix. Les poètes cherchent inlassablement à inventer un langage adapté, à rendre présent, par la parole, même ce qui est encore sans parole. Ils lancent ainsi un défi aux théologiens qui, eux aussi, sont appelés à créer un langage qui ne parle pas de Dieu de manière plate et banale, mais qui a conscience du mystère de chaque mot. Ce n'est que si, dans nos sermons, nous sommes aussi soucieux que les poètes à choisir judicieusement nos mots, que nos auditeurs pourront, grâce à nos paroles, entrevoir quelque chose du mystère de Dieu, et dans notre voix celle du Très-Haut.

IV

Écouter et regarder
au long du chemin spirituel

APRÈS avoir évoqué certains énoncés de la Règle de saint Benoît, les approches bibliques et philosophiques sur l'écoute et la contemplation, j'aimerais maintenant aborder mes propres expériences et transposer ces considérations à notre manière de voir et d'écouter dans la vie quotidienne. Nous disposons tous des deux sens de la vue et de l'ouïe, mais en y réfléchissant, nous allons prendre davantage conscience de ce que nous faisons en réalité lorsque nous écoutons et regardons. Et peut-être alors ferons-nous plus attention, dans le premier cas, à ne pas entendre ou écouter de travers, et, dans le second, à ne pas porter sur les gens et les choses un regard possessif, mais plutôt un regard désintéressé et pur.

Écouter

Écouter les gens

Dans sa Règle, Benoît recommande aux moines d'écouter non seulement la voix de Dieu, mais aussi la voix de leurs frères, dans laquelle ils peuvent déceler celle de Dieu. Aujourd'hui, on a largement perdu le sens de l'écoute. Les gens parlent tous en même temps sans prendre la peine de vraiment écouter les autres, ou bien ils les laissent parler tout en réfléchissant déjà à ce qu'ils vont rétorquer. Ils sont à l'affût de la moindre pause pour pouvoir faire passer ce qui leur importe. Tous ne font que palabrer sans s'écouter, chacun passe à côté de ce que dit l'autre et il n'y a pas de véritable dialogue. Quatre conditions sont nécessaires à la réussite d'un échange :

1 – Je peux parler, mais en évitant de discourir. Discourir, c'est apporter des justifications, des réponses, rendre des comptes. Je discours sur un sujet et cède souvent à la pression de vouloir à tout prix avoir raison. Quand je parle, nous l'avons déjà dit, je m'extrais de moi-même, je donne de ma personne, je parle avec mon cœur, j'exprime ce que je ressens en moi.

2 – L'écoute fait partie de l'échange. Nous ne devons pas seulement nous écouter l'un l'autre, mais entendre l'un *de* l'autre. Friedrich Hölderlin l'a clairement exprimé dans un célèbre poème :

> Nombreuses sont les choses apprises par l'homme, nombreux les Célestes qu'il a nommés, depuis que nous sommes des gens qui nous parlons et entendons l'un de l'autre.

Entendre de l'autre, c'est être en empathie avec lui, à l'écoute de ce qu'il est et d'où il vient, de ses origines. Je ne me contente pas de simplement l'écouter, de me concentrer sur sa personne et de me référer à lui – ce qui est bien sûr important –, mais je m'intéresse à lui pour apprendre *de* lui, pour le connaître plus intimement et être ouvert au mystère de son existence.

3 – Un échange se nourrit des questions que l'on pose lorsque l'autre raconte quelque chose. Mais demander des précisions en l'interrogeant ne signifie pas vouloir tout connaître en le harcelant. Revenir sans cesse à la charge peut le mettre mal à l'aise, alors qu'en lui posant des questions, je l'honore, je lui montre que je porte de l'intérêt à ce qu'il raconte et je l'invite à m'en dire davantage. Je trace pour ainsi dire un sillon dans son âme, afin qu'une graine puisse y éclore. Grâce à mes questions, mon interlocuteur peut découvrir tout ce que recèle son âme, toutes les possibilités qui ne demandent qu'à s'épanouir.

4 – Je réponds à la réaction de mon interlocuteur. Le terme allemand *Antwort* (réponse) est formé du vocable *Wort* (mot) et du préfixe *ante* (devant, en face de, face à). La réponse se fait toujours dans un face-à-face, elle n'est pas abstraite ou purement intérieure. En répondant, je regarde toujours le visage de l'autre

et, ce faisant, je personnalise ma réponse. Elle s'adresse directement à lui. Nous constatons à nouveau ici que l'écoute et la vision se rejoignent. J'écoute l'autre, ce qu'il m'apprend de lui, et en lui répondant, je le regarde. Et si je le regarde avec tendresse, je ne vais pas en rester à des paroles théoriques, mais vais donner une réponse qui va toucher son cœur.

Dans son roman *Momo*, l'écrivain allemand Michael Ende a merveilleusement décrit comment la manière dont il est écouté peut transformer un être. Momo est une petite fille qui sait si bien écouter qu'elle transforme les gens en leur redonnant confiance. Ils viennent lui parler, elle n'a pas besoin de leur répondre, de leur prodiguer des conseils ; elle les écoute, simplement, et cela leur suffit pour se sentir acceptés, compris, aimés. Ils peuvent dès lors répondre d'eux-mêmes et changer de comportement. L'écoute est donc une forme d'amour, d'empathie et de compréhension. Si Momo fait du bien à ceux qu'elle écoute, c'est qu'elle ne juge pas ce qu'ils lui confient. Et en ne jugeant pas, elle leur donne le courage de dire tout ce qu'ils ont dans et sur le cœur. Sentir que cette petite fille les écoute sans porter de jugement, qu'elle les accepte tels qu'ils sont, ne peut qu'être bienfaisant, car cela les libère de la peur de ce qu'ils portent en eux et qu'ils aimeraient refouler.

Alors pourquoi les gens ont-ils perdu cette faculté d'écoute? Parce qu'ils n'aimeraient pas remettre en question leurs représentations de la vie, et se remettre eux-mêmes en cause. Certains – et ils sont nombreux – sont si soucieux de se défendre ou de se justifier eux-mêmes qu'ils redoutent, en écoutant, de se sentir remis en question et déstabilisés. J'en fais personnellement souvent l'expérience dans les entretiens que je conduis. Je rencontre énormément de gens qui sont incapables de se taire, une façon, pour eux, de masquer leur manque d'assurance: le bruit qu'ils font en parlant les protège de l'insécurité que leur procure l'écoute de l'autre, en silence. Mais un tel échange n'apporte aucun bien-être. Il n'est ni vivifiant, ni rafraîchissant, ni inspirant, car on se sent finalement abruti et comme noyé dans un flot de paroles.

Il n'est que de regarder les débats télévisés pour se rendre compte qu'aujourd'hui, on ne sait plus écouter. Les participants n'ont qu'une seule envie: parler le plus longtemps possible.

Ils ne prêtent souvent aucune attention à ce que viennent de dire les autres. Au contraire: tandis que les débatteurs s'expriment, ils réfléchissent déjà à la manière dont ils vont se mettre en scène à leur prochaine intervention. Ces débats ne sont pas de véritables échanges, car on parle beaucoup, mais on n'écoute guère. Si l'on ne cherche qu'à faire impression sur les auditeurs, on n'écoute pas.

Un soldat qui s'était trouvé cantonné en Bosnie m'a confié les expériences qu'il a faites au cours de ses permissions. Il voulait raconter à ses amis ce qu'il avait vécu en tant que soldat en pays étranger, mais les amis ne l'écoutaient pas, ne prêtaient aucune attention à ses récits, ne posaient pas de questions et, souvent, ne réagissaient même pas, demandant seulement – ce qui leur semblait important – s'il y avait des trucs intéressants à acheter, ou discutant des dernières nouveautés dont ils avaient entendu parler. Et pour le soldat que personne n'écoutait, c'était une vraie souffrance. Il avait le sentiment de ne pas être considéré, d'être en quelque sorte laissé pour compte, plus ou moins méprisé, alors qu'en l'interrogeant, en l'invitant à raconter plus encore, ses amis lui auraient fait du bien.

Mais on rencontre quand même parfois – même si c'est devenu assez rare – des personnes capables d'écouter, et elles sont précieuses pour ceux qui ont besoin de parler. Je me rappelle que nous avions un jour invité dans notre famille une femme qui avait grand besoin de s'exprimer, car sa situation familiale n'était pas simple. Elle commençait dès après le petit déjeuner. L'un après l'autre, mes frères et sœurs quittaient la pièce, sous un prétexte quelconque, et ne restait finalement que ma mère pour l'écouter, lui poser des questions, lui montrer son intérêt. La jeune femme, qui manifestement n'avait jamais encore rencontré une écoute aussi attentive, a fini par se confondre en remerciements auprès de ma mère, laquelle s'en est étonnée, mais a apprécié que cette jeune femme lui rende ainsi hommage pour l'avoir simplement écoutée. Lorsque ma mère s'occupait d'œuvres caritatives pour aider les gens dans le besoin, elle passait beaucoup de temps avec ceux à qui elle rendait visite. Elle savait écouter. Cela incitait les personnes souvent seules à parler d'elles, et cela faisait aussi du bien à ma mère de leur faire ainsi plaisir.

Dans ce contexte, j'ai souvent observé que ce que nous entendons diffère parfois totalement de ce que les autres racontent. De fait, nous n'entendons parfois que ce que nous avons envie d'entendre et fermons nos oreilles au reste, à ce qui pourrait nous remettre en question. Certes, dans une discussion, on écoute ce que dit l'autre, mais notre oreille filtre pour ne laisser passer que ce qui nous conforte dans nos propres idées. Ou bien on entend autre chose que ce que l'autre raconte. Notre écoute est toujours teintée de subjectivité. Il nous faut une ouverture intérieure et une limpidité d'intention pour ne pas mal entendre, pour ne pas nous sentir agressés par des paroles pourtant tout à fait objectives dans la bouche de l'autre. Lorsque nous sommes méfiants, notamment, il n'est pas rare que nous entendions une attaque ou une critique dans les paroles de l'autre, ou bien que nous les interprétions de travers, que nous y sentions immédiatement une entourloupe, ou une conspiration. La méfiance nous fait projeter dans les mots de l'interlocuteur tout et n'importe quoi. À cause de mauvaises expériences antérieures, par exemple, nous écoutons d'une oreille qui n'entend, dans ses paroles, que des intentions négatives. Sans la disponibilité à ne pas juger et à ne pas immédiatement tout rapporter à soi, l'écoute ne peut être positive. Il faut toujours purifier son écoute de toutes projections. C'est la seule manière d'entendre ce que dit l'autre.

Écouter la musique

Quand on parle d'écoute, je pense spontanément à la musique. J'aime beaucoup m'isoler parfois dans ma chambre pour écouter une cantate de Bach ou une messe de Mozart. Je prends un casque, je m'allonge sur mon lit et peux me consacrer entièrement à la musique. Elle me pénètre tout entier et me fait du bien. Elle ne se réduit cependant pas à ce seul effet bienfaisant. L'écoute de la musique est aussi une sorte d'expérience de Dieu. Les paroles chantées dégagent une autre force encore que celles qui sont simplement dites. C'est un rituel pour moi que d'écouter Bach à des dates particulières, l'*Oratorio de Noël* autour du 25 décembre, par exemple, la cantate *Ich habe genug* («Je suis comblé») à la Chandeleur, les *Passions* selon saint Matthieu et saint Jean pendant la semaine sainte, ou encore *Les sept paroles du Christ en croix* de Heinrich Schütz. Je m'abandonne alors à la musique; je ne fais pas forcément l'expérience de Dieu, mais je pressens que la réalité en sa profondeur ultime s'exprime dans cette musique et que Dieu s'y rend en quelque sorte perceptible. Lorsque j'écoute l'*Oratorio de Noël* dans la version de Karl Richter avec Fritz Wunderlich, j'imagine qu'au ciel, tous deux entendent cette musique telle qu'elle était véritablement conçue: ils y entendent la voix de Dieu. La musique peut nous ouvrir une fenêtre sur le ciel. Elle nous permet de transcender le monde d'ici-bas pour atteindre le royaume de Dieu. Précisément celle de compositeurs déjà disparus me donne personnellement accès à la liturgie céleste, dans laquelle nous allons entendre et voir Celui qui, pour le moment, ne nous fait que discrètement signe dans notre musique terrestre. Dans toute musique terrestre résonne en effet quelque chose de la musique céleste, de Dieu lui-même qui, selon Nicolas de Cues, est pure harmonie.

Mais mon esprit travaille aussi quand j'écoute des cantates de Bach ou des messes de Mozart ou de Haydn, et je me demande pourquoi Bach a choisi ces paroles-là et non d'autres pour les mettre en musique, ou quelle expérience vécue se cache derrière tel *Kyrie* de Mozart. Dans l'*Agnus Dei* de sa *Messe du Couronnement* – dont il reprend la mélodie pour l'air de la comtesse dans les *noces de Figaro* –, je perçois l'amour que recèlent pour lui les mots : «Agneau de Dieu qui enlèves le péché du monde». Mozart crée une théologie qui lui est propre et tente, dans sa musique, d'exprimer la quintessence des paroles sacrées. Pour lui, il n'y a pas, dans l'*Agnus Dei*, le repentir que de nombreux chrétiens ressentent pour leurs péchés ; il y a l'amour que Jésus nous manifeste en ne nous chargeant pas de leur poids, mais en nous en délivrant. C'est ce même amour qu'éprouve la comtesse Almaviva pour son époux. Cette qualité d'amour est partout présente dans la musique de Mozart. Ainsi, la musique m'emplit de cet amour qui s'exprime en elle.

De même, je m'interroge toujours lorsque j'écoute le *Credo* d'une messe de Mozart ou de Haydn : comment les compositeurs ont-ils compris ces mots, comment les ont-ils interprétés ? Et là encore, j'entrevois leur propre théologie. Mozart, par exemple, met toujours l'accent sur *descendit*. Dans sa *Messe solennelle* en ut mineur, il insiste sur ce mot, qui revient à plusieurs reprises, tantôt doux et tendre, tantôt plein de vigueur à nouveau. Il y a manifestement pour lui, dans ce mot, une part essentielle de notre foi. Dieu est descendu en nous afin que nous trouvions le courage d'aller au fond de notre réalité, de descendre dans l'étable où Jésus est né, dans l'étable que nous sommes nous-mêmes. En écoutant Mozart, j'entends qu'avec sa musique, il est lui-même descendu dans les profondeurs de l'humanité. Il voudrait que sa musique illumine et apaise les plaies et les blessures des hommes, qu'elle pénètre leur obscurité et leur chaos, et qu'elle les en libère. *Et incarnatus est*, presque toujours confié à une soprano, a la délicatesse d'un chant de Noël. On sent tout l'amour que Mozart a utilisé pour mettre ces mots en musique. Que Dieu se soit incarné en notre chair l'a sans aucun doute touché au plus intime de lui-même. Haydn, lui, fait chanter le *Et incarnatus est* jusqu'au *Et sepultus est*, de sa *Missa in tempore belli*, par une basse, sur une mélodie plus sombre. L'incarnation de Dieu en Jésus-Christ n'est pas jubilante chez Haydn comme chez Mozart, mais plutôt déjà annonciatrice de la mort à venir. Sa vision de l'homme était sans doute plus sombre que celle de Mozart qui, dans tous les abîmes du monde et jusque dans ceux de l'âme humaine, percevait toujours la tendre lumière de Dieu.

Écouter la parole de Dieu

Lorsque je suis à l'office, je ferme souvent les yeux pour m'imprégner des paroles des lectures et de l'évangile du jour. Je laisse de côté l'exégèse que j'ai étudiée et ne m'interroge pas de façon critique sur la signification des mots que j'entends, mais je me demande plutôt: à la faveur de tout cela, comment est-ce que je me vois et comment est-ce que je vois ceux qui m'entourent? Et sur l'arrière-plan de ces paroles, comment est-ce que je comprends la situation du monde actuel telle qu'elle se présente à moi? J'écoute alors les lectures et l'évangile avec le sentiment que c'est la vérité, que les mots que j'entends décrivent la réalité telle qu'elle est en profondeur, et cela modifie mon état intérieur. Je me perçois tel que je suis, tel que Dieu m'a conçu. L'écoute me transforme, je prends conscience de la réalité des mots. Ils n'ont pas pour fonction de m'enseigner quelque chose, mais d'agir, de me guérir, de me réveiller, de secouer mon propre édifice mental pour m'ouvrir à la vraie réalité.

Mais je dois aussi être à l'écoute de moi-même, de mon corps, de mes pensées, de mes sentiments et de mes émotions, de mes rêves. Dieu s'adresse à moi à travers mon corps. C'est mon corps qui s'exprime lorsque je suis tendu et crispé, qui me rappelle que quelque chose en moi se révolte contre la situation dans laquelle je me trouve, ou contre ce qui ne me convient pas. Saint Benoît demandait au cellérier d'être toujours attentif aux mouvements de son âme. En ce qui me concerne, être attentif à mon âme signifie que chaque matin je m'écoute et me demande : dans quel état d'esprit suis-je ? Est-ce que je me rends avec plaisir à mon travail ou à reculons ? Que veut dire cette résistance que je ressens aujourd'hui en pensant à ce qui m'attend ? Dieu lui-même s'adresse à moi dans les sentiments que j'éprouve et je peux moi aussi lui parler de ce que je ressens physiquement et lui demander ce qu'il veut me signifier.

Dieu me parle également dans mes rêves. John Sandford, psychologue et théologien, parle de « la langue oubliée de Dieu ». Le matin à mon réveil, j'ai souvent du mal à interpréter mon rêve. Mais je peux le présenter à Dieu en priant, lui dire que je ne le comprends pas, mais que les images qui me sont apparues et les émotions que j'ai ressenties montrent que j'ai en moi quelque chose que je ne perçois pas à l'état d'éveil, ma vraie réalité, ce que je suis vraiment. Et je demande à Dieu de m'éclairer et de m'aider à la découvrir.

Écouter le silence en moi

J'écoute en moi-même. Est-ce que j'entends le silence ? Henri J. M. Nouwen, écrivain et prêtre catholique néerlandais, a passé sept mois au monastère trappiste de Genesee Abbey dans l'État de New York. Il y a tenu un journal intitulé, dans sa traduction en allemand, *J'ai écouté le silence : sept mois dans un monastère*. Si je me mets à l'écoute du silence, je vais pressentir ce que Dieu veut me signifier. Suis-je en cohérence avec moi-même et avec Dieu ? Est-ce qu'au contraire j'éprouve un trouble intérieur ? Ce trouble – qui peut vite dégénérer en panique – m'indique que je vis en quelque sorte à côté de moi-même, que je n'ai pas encore trouvé mon sillon. Écouter le silence va me permettre d'accéder à ma propre vérité.

Je me rappelle qu'un jour, alors que je me promenais en forêt, le vent s'est mis à bruire étrangement, ce qui transforma pour moi cet instant en une sorte d'expérience de Dieu. Dans le frémissement du vent, j'ai cru aussi entendre l'inaudible. Pour moi, c'était Dieu lui-même qui me faisait ainsi discrètement signe. Je ne pouvais que rester silencieux et calme, et comme Élie, qu'être tout à l'écoute pour percevoir Dieu dans le murmure du vent.

Au cours de mes promenades, lorsque je suis en vacances, il m'arrive de m'arrêter pour écouter le silence qu'aucun bruit ne vient troubler. C'est merveilleux, quand il n'y a ni voiture, ni avion, ni machine quelconque, de n'entendre que la nature. Chez ma sœur à Murnau, je vais souvent à bicyclette à travers le marais, par un chemin que personne ou presque n'emprunte, jusqu'à un étang. Je m'assieds au bord, et j'écoute le silence, tout simplement. Je n'entends aucun bruit humain, seul le friselis des libellules au ras de l'eau. Je me régale littéralement de ce silence et ressens alors en moi une paix intense. À ce moment où le bruit du monde se dissipe jusqu'à disparaître totalement, je me sens uni à la nature.

Évagre le Pontique a élaboré, pour s'entraîner à écouter le silence en soi, un exercice efficace : je suis assis, seul dans ma chambre. Je ne lis pas, je ne prie pas non plus, je ne médite pas, n'essaie pas de réfléchir. J'écoute simplement. Une pensée frappe à la porte de mon cœur. Que veut-elle me signifier ? Est-ce important ? Veut-elle seulement occuper tant de place qu'elle va me pousser hors de ma propre demeure ? Veut-elle squatter en moi et me contester le droit de jouissance ? Je fais de même avec toutes les pensées qui me viennent et, en ne les repoussant pas, en dialoguant avec elles, un profond silence s'installe peu à peu, et soudain, plus aucune pensée ne m'assaille. Tout devient silence. J'écoute ce silence en moi, qui me donne alors le sentiment de n'être qu'un, avec moi-même, avec la Création, avec tous les hommes et avec Dieu.

Selon Évagre, nous avons à notre disposition au fond de nous, dans notre âme, un espace de silence, dont nous sommes souvent coupés par nos soucis, nos peurs et toutes les pensées qui nous accablent. Alors prenons le temps de nous mettre à son écoute pour en sentir le bienfait. Nous allons ainsi transcender la réalité pour nous unir à tout ce qui existe. En écoutant le silence, nous entendons l'inaudible, le profond silence divin.

Regarder et voir

Lorsque dans un entretien mon interlocuteur ne me regarde pas, cela m'est très désagréable et me déstabilise, car j'ai l'impression qu'il ne souhaite pas la rencontre et qu'il ne parle que de lui sans égard pour ce que je suis. Mais je me sens tout aussi déstabilisé si mon interlocuteur me fixe d'un regard pénétrant. Il faut donc apprendre à voir et à regarder. Jésus nous a donné quelques conseils et j'aimerais en aborder deux avec vous.

Regarder les gens avec des yeux bienveillants

Dans le sermon sur la montagne, Jésus déclare : « Que si ton œil, le droit, te scandalise, arrache-le et jette-le loin de toi, car il est de ton intérêt que périsse un seul de tes membres et que ton corps ne soit pas jeté dans la géhenne» (Mt 5,29). L'œil droit symbolise l'œil masculin, qui pénètre l'autre et veut tout posséder, qui est avide, qui évalue et juge. L'œil gauche symbolise l'œil féminin, qui s'étonne, admire, perçoit sans évaluer ni juger. C'est l'œil qui ne cherche pas à pénétrer l'autre, qui le laisse être ce qu'il est. Nous pouvons nous exercer à abandonner l'orientation masculine unilatérale de notre regard pour entrer en contact avec sa dimension féminine. Celui qui, du regard, veut tout avoir et posséder sombre dans l'enfer de sa propre avidité.

Dans l'Évangile de Luc, Jésus déclare: «La lampe du corps, c'est ton œil. Lorsque ton œil est sain, alors ton corps tout entier est lumineux; mais quand il est mauvais, ton corps aussi est ténébreux. Veille donc à ce que la lumière qui est en toi ne soit pas ténèbres! Si donc ton corps tout entier est lumineux sans avoir de partie ténébreuse, il sera lumineux tout entier comme lorsque la lampe t'illumine de son éclat» (Lc 11,34-36). Pour les philosophes grecs, à qui Luc emboîte le pas, l'œil est la lampe du corps, qui envoie des rayons lumineux à travers le monde. Selon Platon, l'œil ne peut voir que si la lumière de l'œil s'unit à celle du soleil. Et pour Luc, donc, notre œil ne peut correctement voir que s'il s'unit à la lumière de Jésus. L'œil simple et clair (*haplous* en grec) transforme le corps tout entier. Si, par notre œil, nous laissons pénétrer en nous la lumière de Jésus, notre corps sera totalement lumineux. Mais s'il est «mauvais», au contraire, et se ferme à la lumière de Jésus, notre corps ne sera que ténèbres. Nous ne verrons pas correctement et notre regard mauvais assombrira tout ce qui nous entoure.

Les esséniens partent du principe que l'homme a en lui une part de lumière et une part d'obscurité, et que sa tâche consiste à illuminer cette part d'ombre. Jésus, lui, nous invite à veiller à ce que ne s'assombrisse pas la part de lumière, ce qui aurait pour effet d'assombrir notre corps tout entier. Si notre corps est empli de lumière, tout en nous et autour de nous sera lumineux et nous enverrons des rayons lumineux dans le monde.

L'une des interprétations de ce passage de Luc consiste à dire que la lumière de Jésus pénètre en nous par notre œil. L'autre se rapporte plutôt à la qualité de notre regard. Notre œil doit être pur, c'est-à-dire que nous devons regarder l'autre en toute simplicité, sans préjugés, sans l'accaparer ni l'évaluer. Nous verrons alors ce qui est beau en lui et découvrirons en lui la lumière. Si notre œil est «mauvais», au contraire, nous allons projeter sur l'autre tout ce qui est obscur. Par notre regard chargé de ténèbres, nous allons répandre l'obscurité autour de nous. Nous n'aimons guère regarder certaines personnes parce que leur regard est flottant et inconstant, qu'elles sont agitées ou inquiétantes, parce qu'elles dégagent quelque chose de ténébreux, de négatif. Selon l'interprétation de Luc, Jésus veut nous indiquer un moyen de voir, grâce à un regard pur et dépouillé, sa lumière qui brille en chacun, afin que nous la diffusions ensuite autour de nous. Et nous aimons voir chez l'autre un regard qui irradie de lumière et de bonté. Mais il faut pour cela n'avoir aucune idée préconçue, ne pas chercher à le posséder ni à le juger, mais au contraire le laisser être tel qu'il est dans sa beauté et dans sa bonté. Un tel regard ne va pas seulement transformer notre corps en l'illuminant, mais il va aussi répandre la lumière autour de nous, une lumière que les autres pourront savourer et à laquelle ils pourront se réchauffer.

Je me sers souvent de ce passage de l'Évangile de Luc pour faire faire un exercice en tandem aux participants à mes sessions. L'un joue à l'aveugle et regarde en lui avec son œil intérieur. L'autre regarde en face son conjoint et se dit : « Je porte sur lui/elle un regard bon, je ne l'évalue pas, je ne cherche pas à le/la posséder, je lui laisse son unicité et sa beauté. » Si je regarde l'autre avec amour, je découvre en lui la beauté que tout individu recèle, mais que ne peut voir un œil dur, mauvais, qui condamne. Je le laisse être tel qu'il est et je le traite avec respect et attention. Nous devons nous exercer à avoir ce regard pur qui ne porte pas de jugement et perçoit en l'autre sa beauté, car involontairement, il se fait parfois critique et analytique. Si nous en prenons conscience, nous pouvons prendre nos distances, afin de retrouver un regard dépouillé et simple, et la lumière va alors émaner de nous. Et l'exercice se poursuit : celui qui regarde tourne lentement autour de l'autre et le regarde du côté gauche, puis de dos, puis du côté droit, et de nouveau en face. Souvent, celui qui joue l'aveugle ressent une chaleur du côté où l'autre le regarde. Pour finir, « l'aveugle » ouvre les yeux et les deux protagonistes se regardent, mais sans se fixer, chacun laissant à l'autre son unicité et sa beauté. Après le cours, les participants racontent souvent qu'ils ont appris quelque chose de nouveau à propos du regard porté sur l'autre, mais aussi, qu'ils ont eu, dans un premier temps, le sentiment que la tentation de porter un jugement s'y insinue très vite; et qu'ils ont compris qu'il faut consciemment lutter contre cette dérive. Cet exercice a pour but de rendre les gens capables, dans leur quotidien, de regarder les autres avec d'autres yeux.

Comment regardons-nous les gens que nous rencontrons chaque jour? Dans le bus, certains sont mal à l'aise lorsqu'ils se sentent fixés avec insistance ou moqués. Au contraire, s'ils ont le sentiment qu'est porté sur eux un regard amical, qui n'attend rien d'eux mais souhaite seulement leur communiquer de l'amitié, de l'amour et de la lumière, cela leur fait du bien. Un regard complaisant nous réjouit et nous nourrit, nous transforme. Nous nous sentons intérieurement illuminés et réchauffés.

Notre vision n'est jamais objective. Nous voyons toujours à travers des lunettes. Celui qui manque de confiance en soi, qui a du mal à s'accepter et à se regarder, ne voit jamais la bienveillance dans le regard de l'autre. Il l'interprète au contraire comme un rejet, ou comme un regard curieux et scrutateur qui cherche à percer son mystère. Une étudiante m'a un jour confié que le regard d'un jeune homme assis en face d'elle lui était désagréable et la mettait mal à l'aise. Mais son interprétation était fonction de son état intérieur: n'étant pas sûre d'elle-même et ne pouvant rien voir en elle d'un œil bienveillant, le regard du jeune homme lui semblait intrusif et déplaisant. Il est donc important, dans un tel cas, de se regarder soi-même avec complaisance et sans se juger. Cela permet de s'affranchir du regard des autres, ou de n'en être pas perturbé.

Contempler la beauté de la nature

Lorsque je suis en vacances en famille dans les Alpes, je prends le temps, au cours de mes randonnées, de tout simplement m'arrêter et de regarder autour de moi: les sommets et tous les paysages qui s'étalent devant moi, dans toutes les directions. Chaque vallée, chaque montagne a son propre charme. Je ne peux souvent pas dire exactement ce que je trouve beau dans le détail, mais la contemplation d'un paysage, magnifique dans son ensemble, me fait m'extasier sur la beauté de la Création. Je vois parfois des randonneurs qui, parvenus au sommet d'une montagne, s'arrêtent brièvement, jettent un regard autour d'eux, font quelques photos et repartent aussitôt. Ceux-là ne savent plus regarder. Ils ne sont pas sensibles à la beauté de la nature. Ils ne retiennent que le nom des montagnes environnantes pour pouvoir les nommer quand ils montreront les photos à leurs amis. Ils ont perdu la capacité de s'imprégner de ce qu'ils ont vu et de s'unir à la beauté de la nature.

Mais je ne me contente pas de contempler seulement le paysage. Tout, dans mes promenades, mérite mon admiration. Un champignon, par exemple. Je ne me demande pas s'il est comestible ou toxique, mais m'intéresse plutôt à sa forme. Ou bien ce sont les majestueuses racines d'un arbre qui m'attirent. Il y a tant à voir dans une forêt ou dans une prairie! On y rencontre à chaque pas le miracle de la nature. On peut partout y admirer la beauté des graminées, des fleurs, des arbres et des arbustes. Dans une prairie, tôt le matin, je contemple la rosée qui s'accroche aux brins d'herbe. Ce n'est pas pour rien que les Anciens voyaient une perle précieuse dans la goutte de rosée. Le monde se reflète dans cette perle délicate et insaisissable qu'un seul frôlement suffit à faire éclater. Je ne peux que la regarder avec admiration et rien, à cet instant, n'est plus important que ce que mon œil perçoit, que cette contemplation dans laquelle je m'immerge totalement. Le temps s'arrête alors. La contemplation est un pur présent.

Chaque saison nous offre des nouveautés à contempler. En hiver, les branches gelées des arbres dénudés scintillent dans le soleil, une véritable et merveilleuse vision céleste. Au printemps, quel bonheur de voir éclore les premiers perce-neige et les crocus ! Je ne peux me rassasier de regarder ces messagers annonciateurs de la belle saison, les bourgeons qui, lentement, s'ouvrent jour après jour pour donner naissance à une feuille ou à une fleur. Regarder ainsi s'épanouir la nature me procure une sensation particulière. En été, j'admire les paysages et, à l'automne, l'enchantement des couleurs. Quelle que soit la saison, nos yeux nous relient toujours à des sentiments. Au printemps, par exemple, nous nous sentons en quelque sorte renaître et l'automne remue quelque chose en nous : nous sommes plutôt disposés à lâcher prise et à nous réconcilier avec le temps qui passe. Nous apprenons, en contemplant la nature, que notre vie défile elle aussi, et nous tentons de regarder notre propre réalité, dans ses diverses phases, et de l'accepter.

Voir la réalité du monde

Dans le récit du bon Samaritain, Jésus, parlant de l'attitude du prêtre et du lévite, dit : « Il le vit et passa outre » (Lc 10, 31 *sq.*). Aujourd'hui encore, nous sommes nombreux à effectivement voir ce qui se passe dans le monde, mais à passer outre, à ne tirer aucune conséquence de ce que nous voyons. Nous voyons les réfugiés, mais passons notre chemin. Nous voyons les gens dans la misère, mais fermons les yeux. Et nous fermons aussi les yeux quand nous voyons ce qui va de travers en politique. Nous ne voulons pas voir ce qui nous est désagréable. Certains n'ont-ils pas déclaré, après 1945, qu'ils ignoraient tout des atrocités perpétrées par les nazis? Ils avaient vu, pourtant, mais immédiatement fermé les yeux parce qu'ils ne voulaient pas réellement voir.

Dans son discours inaugural à la synagogue de Nazareth, Jésus déclare qu'il est venu «pour annoncer aux aveugles le retour à la vue». On trouve ici le vocable grec *anablepsin*, qui signifie «lever les yeux». Les hommes ne pourront correctement voir la réalité sur terre que s'ils lèvent les yeux vers le ciel. Le prêtre et le lévite baissent les yeux pour ne pas voir l'homme blessé qui gît au bord du chemin. Et nous sommes nombreux, aujourd'hui, à regarder droit devant nous pour ne pas voir la réalité du monde, sa misère et sa détresse. Lever les yeux vers le ciel fait partie de l'action salvatrice de Jésus et de sa mission qui consiste à annoncer la bonne nouvelle. Sans ce regard vers le ciel, il n'est point de salut ni de guérison.

Dans l'Évangile de Marc, on trouve en deux endroits le récit de la guérison d'un aveugle, que Jésus accomplit en réponse aux disciples qui regardent et pourtant ne voient pas. Dans le premier récit, Jésus les blâme de ne pas avoir compris le sens de la multiplication des pains : «Ayant des yeux, vous ne regardez pas !» (Mc 8,18). La seconde guérison intervient à la suite d'une discussion entre Jésus et les disciples, qui ne comprennent pas lorsqu'il leur dit qu'il est venu «pour servir», et réclament la première place dans son Royaume. Sur ces entrefaites, ils rencontrent un aveugle, Bartimée, que Jésus guérit et qui le suit immédiatement.

Dans le récit de la guérison de l'aveugle de Bethsaïde, la première tentative ne réussit pas complètement : Jésus enduit de sa salive les paupières de l'aveugle et pose les mains sur lui. La salive est toujours quelque chose de maternel. On ne peut commander abruptement à quelqu'un d'ouvrir les yeux. Il lui faut d'abord éprouver un sentiment de sécurité maternelle pour pouvoir regarder la vérité en face. L'aveugle regarde, mais ne voit pas : «Je vois des hommes, dit-il ; c'est comme des arbres que j'aperçois marcher» (Mc 8,24). Nous aussi avons besoin de temps pour trouver vraiment le courage de regarder en face la réalité. Au début, nous ne la voyons que floue, comme à travers un voile. Tel l'aveugle de Bethsaïde, nous voyons les hommes se déplacer comme des arbres, mais nous ne les regardons pas vraiment dans les yeux, nous ne voyons pas leur détresse, leur visage implorant, nous ne les rencontrons pas réellement. Une rencontre naît de l'écoute et du regard.

Jésus doit alors imposer à nouveau les mains sur les yeux de l'aveugle pour lui donner le courage de les ouvrir vraiment. L'évangéliste Marc utilise deux mots pour qualifier la vision de l'aveugle à ce moment : *diablepein* (voir à travers) et *enblepein* (voir dedans). L'aveugle ne regarde plus alors la réalité de l'extérieur seulement. Il peut désormais voir à travers les hommes et en eux pour y découvrir leur vérité. Il voit dans leur cœur et, sous les mains protectrices de Jésus, il a confiance et trouve le courage d'ouvrir grand les yeux. Il peut maintenant regarder telle qu'elle est réellement la situation politique et sociale de son époque. Il voit l'arrière-plan, il voit aussi le premier plan, et il reconnaît la vérité du monde. Et en regardant les hommes en face, il peut entrevoir leurs véritables intentions. Il n'a plus besoin de se leurrer, de se bercer d'illusions. Il peut ouvrir les yeux et voir distinctement ce qui se présente chaque jour à lui dans les médias et dans la réalité.

Ce courage nous est aujourd'hui nécessaire pour ne pas passer outre comme le prêtre et le lévite, mais pour voir comme a vu le Samaritain, éprouver de la compassion et aller vers les malheureux. Mais il nous faut aussi, comme à l'aveugle de Bethsaïde, la protection des mains aimantes de Jésus qu'il pose sur nous afin que nous osions lever les yeux, regarder à travers et à l'intérieur, dans la réalité des gens et dans notre propre réalité. Voir, c'est à la fois regarder la réalité qui nous entoure, mais regarder aussi en nous-mêmes.

Regarder au tréfonds de soi

Les premiers moines avaient ce courage de regarder en eux et de tout y analyser, les pensées comme les émotions. Ils savaient s'examiner scrupuleusement et ne craignaient pas de faire face à leur propre réalité. Ils voulaient, par ce regard porté en eux, traverser le chaos de leurs passions et de leurs désirs pour atteindre le fond de leur âme et y contempler leur propre part de lumière. Cette lumière n'est cependant accessible qu'à celui qui ose regarder en face ses pensées et ses sentiments.

Gérer ainsi nos passions nous amène à nous libérer de notre dépendance pathologique et conduit à un état qu'Évagre nomme *apatheia* ou, au sens littéral du terme, «absence de passions, tranquillité de l'âme», et que, selon lui, on atteint «lorsque l'intellect commence à voir sa propre lumière» (Évagre le Pontique, *Traité pratique ou Le moine*). On pourrait dire que le but du chemin spirituel, ou de la «voie de l'individuation», comme C. G. Jung nomme ce cheminement qui permet à l'homme de devenir ce qu'il est réellement, passe par la connaissance de soi. Voir la lumière en soi, c'est découvrir au plus profond de soi-même, en son âme, le noyau intact, le trésor enfoui dans le champ, la perle précieuse, le Soi véritable, qui, pour Jung, est le centre le plus profond de l'être, où sont unis le divin et l'humain, et que nul ne peut découvrir s'il n'accueille pas en lui l'image de Dieu. Car le Soi est pénétré par les rayons de la lumière divine, de la même manière qu'un saphir, comme le dit encore Évagre: «Quand l'intellect se sera dépouillé du vieil homme et aura revêtu celui qui naît de l'amour, alors il verra aussi son propre état, au moment de la prière, pareil au saphir et à la couleur du ciel.» Voilà la description exacte de l'homme qui, sur la voie de l'individuation, s'est libéré de son ego et a découvert son noyau le plus intime, son Soi, qui n'est alors que clarté et lumière.

Pour parvenir au comble du bonheur en contemplant ma propre part de lumière, il me faut d'abord me confronter à ma propre réalité. Comme l'aveugle de Bethsaïde, je dois apprendre de Jésus à traverser du regard le chaos de mes sentiments, de mes passions, de mes pensées et de mes désirs. Ce n'est qu'en osant faire cette démarche que je pourrai contempler un bref instant cette lumière intérieure au fond de mon être, mon moi véritable et spirituel. Un bref instant seulement, mais il me suffira de me le rappeler pour qu'il éclaire l'obscurité de ma vie quotidienne et relativise tout ce que j'y vois. Car je saurai alors que ce qui s'offre tous les jours à ma vue n'est pas tout, que la lumière brille en moi. En fermant les yeux pour regarder en moi-même, j'entrevois cette lumière. Le mot « mystique » dérive du grec *myeo* (fermer les yeux). En fermant mes yeux extérieurs, je peux, grâce à mon œil intérieur, contempler en moi le mystère de Dieu et déceler en Lui mon véritable moi.

Contempler Dieu

La contemplation de Dieu est le but du cheminement spirituel. Les philosophes grecs, les premiers moines et Israël aussi savaient bien que l'on ne peut voir Dieu directement qu'après la mort. Mais les traces divines sont tangibles dans le monde, par exemple dans la beauté de la Création. Car Dieu est la beauté originelle qui illumine pour nous toute beauté. Sur le mont Sinaï, Dieu répond à Moïse qui lui demande de lui révéler sa gloire : « Voici un endroit près de moi ; tu te tiendras debout sur le rocher et je te couvrirai de ma main jusqu'à ce que je sois passé. Puis je retirerai ma main et tu me verras de dos ; mais ma Face, on ne peut la voir » (Ex 33, 21-23). Les Pères de l'Église aiment à citer et interpréter ce passage. Le dos de Dieu, que Moïse peut voir, symbolise les choses qui nous entourent. En elles, nous pouvons voir la gloire de Dieu. Nous pouvons contempler la lumière incréée de Dieu dans les œuvres de la Création.

Évagre, le mystique d'entre les premiers moines, distingue deux volets de la vie contemplative. Le premier, qu'il nomme *theoria physike* (vision de la nature), consiste à contempler la nature pour y reconnaître Dieu qui, non seulement l'a créée, mais la pénètre de son Esprit. Tout ce que je vois autour de moi est empli de Dieu. Je ne vois pas seulement l'extérieur des choses, mais aussi leur mystère, et je découvre Dieu au fond de toute existence, la véritable lumière qui pénètre et illumine tout. Regarder la nature relève donc de la contemplation spirituelle, une manière de voir à travers et au fond de toute chose, de toute existence, et d'y reconnaître Dieu.

Pour définir le second volet, Évagre utilise deux expressions. Il parle de *theoria tes agias triados*, la contemplation de la Sainte Trinité, qui mène à l'unité et à la simplicité, mais aussi de *prote theoria*, autrement dit de première contemplation qui, elle, conduit à la *gnosis monoeides*, c'est-à-dire à la connaissance intuitive de la simplicité, ou à la *gnosis ousiodes*, la connaissance de l'être. Évagre évoque ici le profond désir des Grecs de connaître l'essence des choses, de connaître l'Un. La philosophie grecque, celle de Parménide par exemple, est empreinte de cette notion d'unité, d'unicité, de l'être Un. En contemplant la Sainte Trinité, je contemple l'essence de toute chose et je découvre que tout est Un. Le monde est

Un avec Dieu, et en Dieu, je suis moi-même Un avec le monde. Je vois en tout l'Un qui est en tout. Mon regard devient simple. Dans l'Évangile de Luc, Jésus parle d'un œil simple (*haplous*), mettant ainsi un mot sur le désir qu'ont les Grecs de reconnaître la profonde unité de toute existence et de s'y voir soi-même dans son être véritable.

Dans sa *Vie de saint Benoît*, le pape Grégoire le Grand évoque cette unité lorsqu'il relate que Benoît aperçoit le monde entier dans un seul rayon de soleil : «Debout à la fenêtre, il priait instamment le Dieu tout-puissant et subitement, alors qu'il regardait dans la nuit encore profonde, il vit une lumière répandue d'en haut chasser toutes les ténèbres de la nuit et briller d'une telle splendeur qu'elle surpassait la lumière du jour elle-même, alors qu'en fait elle rayonnait au sein des ténèbres. Or dans cette contemplation, une chose tout à fait admirable s'ensuivit car, en effet, comme lui-même l'a raconté ensuite, le monde entier, comme rassemblé sous un seul rayon de soleil, fut offert à ses yeux.» Le regard de Benoît traverse le monde jusqu'en ses profondeurs et reconnaît Dieu au fond de toute existence. Il ne s'agit pas, dans la mystique contemplative, de contempler quelque chose de défini ou d'avoir telle ou telle vision, mais de voir la réalité de telle sorte que tout devient transparent pour Dieu, qu'il rayonne à travers toute chose, et de contempler en toute chose la beauté divine.

La vision de Dieu est le but ultime de toute contemplation. Elle montre la dignité offerte par Dieu à tout homme en lui conférant la vue. Cette conception de la contemplation comme but ultime de l'être humain fait apparaître, une fois encore, certaines différences entre l'approche anthropologique et théologique de la Grèce et d'Israël. Mais il ne s'agit pas de les opposer. Elles sont plutôt complémentaires. En Israël, Dieu est avant tout celui qui s'adresse aux hommes et ne cesse de les exhorter à écouter sa Parole. La vie de l'homme dépend de cette écoute agissante. *Parler* et *écouter*, c'est le chemin que l'homme doit emprunter, un chemin de justice et de probité, mais aussi un chemin d'obéissance à Dieu. L'homme a la possibilité d'entendre et d'écouter la voix de Dieu plutôt que les nombreuses voix qui cherchent à le détourner de son chemin. Il s'agit de la vénération du Dieu unique qui ne tolère aucune idole à ses côtés.

Et l'écoute exige de l'homme qu'il obéisse à ce que Dieu lui commande de faire. Écouter conduit toujours à une action nouvelle.

Le regard, tel que le comprennent les philosophes et les théologiens grecs, me transforme. Je suis un spectateur impliqué. En contemplant Jésus, l'homme juste par excellence, je deviens juste moi-même et ouvert pour Dieu. Le regard me montre la proximité de Dieu, visible partout dans la Création. Ne lisons-nous pas dans l'Ancien Testament que Dieu s'adresse aussi à nous dans le tonnerre? Nous le savons, il s'exprime à travers la Création. Il nous défie et nous transforme dans l'écoute et le regard. Je suis transformé dans l'image que je contemple. Dans la deuxième épître aux Corinthiens, dans laquelle il aborde les besoins mystiques de ses interlocuteurs, Paul, qui par ailleurs insiste plutôt sur l'écoute pour accéder à la foi, écrit: «Et nous tous qui, le visage dévoilé, réfléchissons la gloire du Seigneur, nous sommes transformés en cette même image, de gloire en gloire, comme de par le Seigneur, qui est Esprit» (2 Co 3, 18).

L'écoute et le regard entendent nous transformer. L'écoute nous conduit à adopter un nouveau comportement, le regard nous permet de découvrir notre être véritable. Ainsi, nous pouvons être transformés en l'image unique que Dieu a conçue de nous. L'écoute et le regard ne s'opposent pas, mais se complètent: ils nous conduisent à Dieu que Jésus-Christ nous a annoncé et nous emplissent de son Esprit afin que nous approchions toujours plus de son image.

Conclusion

Nous sommes partis de la Règle de saint Benoît qui s'ouvre par ces mots impressionnants: «Écoute, ô mon fils.» Mais dans la Règle elle-même, l'ouïe et la vision, les sens humains les plus essentiels, sont intimement liés. C'est seulement en en faisant usage avec autrui que le vivre-ensemble peut réussir, qu'une communauté peut prendre forme, que l'on peut faire l'expérience de l'estime et apprécier l'échange qui nous transforme. L'écoute et le regard sont deux chemins vers une vie intense. Nous percevons la magnificence de la Création en la contemplant et en nous mettant à son écoute. L'écoute et le regard nous conduisent à Dieu, donc à entendre l'inaudible dans l'audible, à contempler le Dieu invisible dans la beauté de la nature et de l'homme.

Puissent ces réflexions que nous livre la tradition chrétienne vous inviter, chers lecteurs et chères lectrices, à prendre davantage conscience de ce don que Dieu nous a fait avec deux sens qui enrichissent notre vie, nous conduisent au mystère de notre propre existence, nous ouvrent au mystère de nos frères et de nos sœurs, et peuvent générer en nous un bonheur intense lorsque nous nous laissons enchanter par une musique sublime, par exemple, ou que nous restons stupéfaits devant la splendeur d'un paysage. Ils nous aident à rencontrer Dieu, à découvrir le tréfonds de nous-mêmes et le but de notre existence. Acceptons ce don avec reconnaissance et suivons les conseils d'Évagre : soyons chaque jour à l'écoute de la voix de Dieu et ouvrons nos yeux à la lumière divine, afin qu'elle nous illumine et nous emplisse d'amour.

Table